NOTRE CORPS AIME LA VÉRITÉ

DAVID SERVAN-SCHREIBER

NOTRE CORPS AIME LA VÉRITÉ
Chroniques 1999-2011

Préface de Jean-Louis Servan-Schreiber

ROBERT LAFFONT

PSYCHOLOGIES
MAGAZINE

Préface
Un ami bienveillant

David avait le goût des autres, n'est-ce pas l'atout majeur d'un grand thérapeute ? Lorsqu'en 1999 je lui ai proposé de publier une chronique dans chaque numéro de *Psychologies magazine*, il n'avait d'autre expérience de l'écriture que ses articles scientifiques. Mais il avait l'envie de faire partager ses découvertes à ceux qui en avaient, sans le savoir, besoin.

Quant au style, il avait dû bénéficier de gènes propices, puisés dans un atavisme familial. Je l'ai senti dès ses premiers « papiers », il était clair, convaincant et avait compris d'instinct les deux impératifs d'une chronique réussie : apporter une vraie information ou idée, faire en sorte que le lecteur puisse se l'approprier.

Le succès a été immédiat et durable. Il a continué ses chroniques pendant douze ans, jusqu'à la veille de sa mort en juillet 2011. Mettant à la fin toutes ses forces dans sa résistance à la maladie, il gardait l'obsession de la transmission de son message à travers ses livres ou ses chroniques, convaincu que, s'il devait en sauter une, ce serait baisser les bras devant la fatalité.

David était un vrai chercheur, non seulement par ses travaux scientifiques de professeur de psychiatrie, mais par sa curiosité fouineuse pour toute nouveauté susceptible d'améliorer nos modes de vie, notre santé, notre simple bien-être. Lorsqu'il venait dîner à la maison, il nous apportait souvent un nouveau produit, d'origine naturelle, qui pouvait renforcer nos défenses immunitaires. Ou il nous racontait sa dernière rencontre avec un praticien qui lui avait fait connaître un nouveau traitement préventif. Il pensait que, comme dans la Chine traditionnelle, on devrait rémunérer son médecin régulièrement tant qu'on est en bonne santé et arrêter les versements lorsqu'on est malade, un échec pour ce dernier.

Pendant douze ans, David s'est adressé personnellement à nos lecteurs. On le sentait à la tournure de la plupart de ses articles : le récit d'une histoire touchante ou édifiante, assorti d'une recommandation de comportement, ou d'un conseil pratique que chacun pouvait adopter d'emblée. Grâce à quoi, à la dernière page du magazine, son emplacement de choix, on apprenait à mieux vivre en dialogue avec celui qui était devenu un ami bienveillant.

Le projet de publier un recueil de ses chroniques est né d'une prise de conscience, que la plupart d'entre elles ne s'étaient nullement périmées avec le temps. Nous avons seulement omis une vingtaine d'entre elles trop liées à une actualité éphémère. Les autres, et c'est toute leur valeur, restaient inspirantes ou utiles, comme l'est toujours le message d'espoir que nous a laissé David. Vous pourrez les lire en ordre chronologique, pour assurer une plus grande variété dans la lecture. Mais une table thématique vous permet aussi de rechercher un sujet particulier.

Préface

Il n'est pas d'usage de donner des conseils de lecture, cependant, d'expérience, je suggérerais volontiers à celui qui parcourt ces lignes de les déguster à raison d'une par jour. Un moyen de distiller en soi l'essence de son message humaniste et tolérant.

En écrivant cette préface, je sens d'autant plus combien David nous manque. Pas seulement parce que j'avais pour lui une affection profonde, mais parce qu'il avait un jugement très sûr, donc souvent prudent et modeste. David avait compris que la médecine autant et peut-être plus qu'une science est une relation à l'autre. Il était convaincu que la moitié de la chance de guérison vient de la confiance qui s'établit entre patient et praticien. En le lisant on comprend que ceux qu'il a aidés, et j'en suis, ont eu de la chance de croiser son chemin.

Jean-Louis Servan-Schreiber

Les caresses qui font grandir

Le Pr Schonberg est un homme sérieux. De la tribune d'où il tient son discours devant d'éminents collègues, il ne montre aucun signe d'ironie ni d'étonnement. Le souci du détail lui donne sa force de conviction quand il expose ce qu'il estime être une découverte capitale : « Le contact physique est un facteur nécessaire à la croissance de l'enfant. » Assis dans l'assistance, je sens un frisson me parcourir. Que nous est-il arrivé ? Il nous a fallu, à la fin du XXe siècle, des millions de francs et cinq ans de recherche dans un des plus prestigieux centres médicaux au monde pour « découvrir » ce que toutes les mères – et beaucoup de pères –, et toutes les femelles de mammifères ont toujours su depuis leur apparition sur Terre. À savoir que les nouveau-nés de notre espèce ont besoin du contact physique maternel pour se développer. Qui a mis le Pr Schonberg et son équipe de l'université de Duke sur cette piste inattendue ? Une femme, qui a écouté son cœur. Dans les années 1980, les progrès de la réanimation néonatale ont permis de garder en vie des nourrissons prématurés de plus en plus jeunes : dans des couveuses hermétiques aux lampes à ultraviolets, les conditions de vie artificielle sont réglées avec la précision nécessaire à la survie de ces « petites crevettes », comme les appellent affectueusement les internes. Or, durant cette période, on découvre aussi que leur système nerveux, encore si fragile, ne supporte pas les manipulations du personnel médical prodiguant les soins d'hygiène habituels. On apprend alors à soigner sans toucher et des écriteaux sont posés systématiquement sur les couveuses : « Ne pas toucher. » Les cris de détresse des bébés serrent parfois le cœur des infirmières les plus blasées, mais disciplinées elles les ignorent. Seulement voilà, malgré la température idéale, les conditions d'oxygène et d'humidité hyperréglées, l'alimentation mesurée en milligrammes, la lumière violette... les nourrissons ne grandissent pas ! Scientifiquement, c'est un mystère, presque un affront. Pourquoi, dans des conditions si parfaites, la nature refuse-t-elle de coopérer ? Médecins et chercheurs s'interrogent et se rassurent comme ils peuvent : une fois sortis de la couveuse les enfants – qui ont survécu – ne rattrapent-ils pas rapidement leur poids. Jusqu'au jour où, remarque-t-on, certains bébés, bien qu'encore en couveuse, semblent grandir. Rien n'a, pourtant, changé dans les protocoles de soins. Rien ? Ou presque... Enquête est menée. Et les cliniciens de découvrir, à leur grand étonnement, que les enfants qui grandissent bénéficient tous des soins d'une même infirmière de nuit nouvellement arrivée. Interrogée, la jeune femme hésite, puis avoue qu'elle n'a pas su résister aux pleurs de ses petits patients. Et elle a commencé, quelques semaines auparavant, à caresser le dos des bébés pour les calmer. D'abord avec quelque anxiété puisque c'était interdit, puis, ne constatant aucune réaction négative, avec une assurance croissante. Depuis, le Pr Schonberg et son équipe ont confirmé ces résultats grâce à une expérience faite sur des bébés rats. Ils ont démontré que chaque cellule de l'organisme refusait littéralement de se développer sans contact physique : dans chacune, la partie du génome qui produit les enzymes de croissance cesse de s'exprimer et le corps entier entre dans une forme d'hibernation. À l'inverse, quelques caresses sur le dos des ratons et la fabrication des enzymes – donc la croissance – reprend. Conclusion : le contact physique est bel et bien un facteur nécessaire à la croissance !

On peut cependant s'interroger sur les conséquences de cette « découverte ». Verrons-nous bientôt des couveuses agrémentées d'un bras électronique prodiguant des caresses à heure fixe ? À moins qu'un nouveau groupe de recherche ne révèle une autre découverte de cette envergure. On imagine déjà la une des journaux : « L'amour maternel est un facteur nécessaire... »

Mars 1999

L'EMDR, une nouvelle « turbothérapie »

Confiante, Jennifer suit du regard la baguette du thérapeute qui oscille devant son visage. Elle se concentre sur la sensation d'étouffement dans sa gorge et sa poitrine, pour laquelle elle est venue consulter. Ses yeux roulent rapidement de droite à gauche. C'est leur mouvement naturel au cours du sommeil paradoxal, celui qui met en scène nos rêves et qu'on appelle aussi le sommeil REM (*Rapid Eye Movements* ou mouvements oculaires rapides). Dix secondes plus tard, Jennifer s'enfonce dans le fauteuil comme pour s'y cacher, les mains accrochées aux accoudoirs. Sa respiration s'accélère brutalement et une expression de terreur infantile déforme les traits de son visage. Elle crie : « Va-t'en papa, va-t'en ! Laisse-moi ! » Ses yeux suivent toujours la baguette. Penchée en avant, elle a un peu de mal à respirer. Encore dix secondes, vingt, trente ! Son cœur doit battre à plus de 150 ! Peut-il soutenir cet effort ? Soudain elle respire mieux. La peur semble s'éloigner. Un sourire s'ébauche sur ses lèvres. Encore cinq secondes et la baguette s'arrête.

« Respirez profondément... Et, maintenant, dites-moi ce que vous avez observé...

— Mon père s'approchait de moi pour me frapper. J'étais cachée sous le lit et je ne voyais que ses immenses chaussures. Je lui criais de me laisser tranquille. C'était interminable. Puis, tout d'un coup, nous étions ensemble sur un banc, il me parlait, il me faisait rire. Et une pensée m'a traversée : sans doute ne savait-il pas comment nous punir, nous, ses enfants. Il ne faisait que répéter les gestes qu'on lui avait appris quand il était petit garçon. Au fond, ça le faisait souffrir autant que nous, autant que moi.

— Et comment vous sentez-vous maintenant ?

— Mieux, même bien. Je n'ai plus cette sensation d'étouffement. C'est fini. Je ne sais pas comment j'ai pu laisser ça empoisonner toute ma vie ! »

L'EMDR (*eye movement desensitization and reprocessing* ou désensibilisation et reprogrammation par des mouvements oculaires) est le traitement le plus controversé depuis la révolution de la psychanalyse et celle, plus récente, des antidépresseurs. Dans les années 1980, une étudiante en doctorat à Menlo Park, Francine Shapiro, a découvert que les mouvements oculaires rapides permettaient d'atténuer des souvenirs traumatiques en les remplaçant par des images et des pensées nouvelles. Quinze ans de recherche plus tard, les résultats de l'EMDR pour traiter les troubles post-traumatiques sévères se révèlent supérieurs à ceux des médicaments, et beaucoup plus rapides que les psychothérapies classiques ou comportementales. Névroses de guerre, conséquences d'un viol, d'un séisme ou d'un accident : 80 % des sujets se disent guéris en trois séances. Ensuite, un suivi de quinze mois montre que les effets bénéfiques persistent bien au-delà du traitement.

Comment est-ce possible ? Les traumatismes violents créent des souvenirs dits « anormaux » (des images, des sons ou des sensations corporelles) que le cerveau a du mal à assimiler. Codés sous une forme sensorielle plutôt que cognitive, ils peuvent être réactivés à tout moment. Ils sont souvent sans mots qui permettraient de replacer l'événement dans des dimensions humaines, avec un passé et un futur. En synchronisant l'activité des deux hémisphères cérébraux – aires sensorielles et cognitives –, les mouvements oculaires rapides permettraient de reconnecter les émotions primaires du traumatisme (le « souvenir photographique ») avec la sagesse de la pensée et du langage. En facilitant ce contact, l'EMDR s'apparenterait à une forme accélérée de la « cure par la parole ». Une sorte de « turbothérapie », avènement – enfin ! – des prophéties de Pierre Janet et Sigmund Freud. Ils avaient, les premiers, reconnu l'origine traumatique de nombreux symptômes psychiatriques, et réfléchi à leur empreinte neurologique. Freud aurait aimé. Si les rêves sont « la voie royale de l'inconscient », quoi de plus naturel que de trouver dans leur physiologie les clés de la transformation ?

Mai 1999

Le sorcier et le placebo

Dans le laboratoire, Takeo ne supporte plus la déman-geaison. Il regarde son bras droit qui devient de plus en plus rouge et se demande pourquoi il a accepté de participer à cette expérience. Il sait qu'il est allergique au « poison ivy » (en botanique : *Rhus radicans*, herbe à puce). À quoi bon s'y exposer de nouveau ? Une heure plus tard, Takeo refuse de croire ce que lui dit le Pr Ikomi : ce n'est pas sur son bras droit, qui continue pourtant d'enfler, que l'on a appliqué l'extrait de plante – lui n'a reçu que de l'eau –, mais bien sur son bras gauche qui ne présente aucun symptôme.

Comme 50 % des sujets de cette expérience japonaise, les bras de Takeo ont réagi à l'« idée » de l'allergène et non à sa réalité physique. Ce contrôle de l'esprit sur le corps, la médecine moderne, qui ne le comprend toujours pas, l'appelle « effet placebo ». Un placebo est une pilule d'eau et de sucre qui ne contient aucun ingrédient actif. L'effet placebo, c'est l'ensemble des facteurs culturels et relationnels qui font qu'un malade se sent mieux lorsqu'un médecin lui prescrit une cure, quelle qu'elle soit. Aujourd'hui, les médecins croient tout savoir de l'effet placebo. À la faculté, on leur a enseigné qu'environ 30 % des malades « traités » ainsi montrent des signes d'amélioration. Mais celle-ci serait essentiellement subjective et, surtout, temporaire puisqu'en réalité le

19

cours de la maladie ne serait pas véritablement affecté. Pourtant, à force d'étudier cet effet, certains se demandent s'il n'est pas le principal moteur de la médecine elle-même. Une étude récente estime à 70 % le taux d'efficacité de plusieurs placebos dans le traitement de maladies telles que l'ulcère de l'estomac, l'angine de poitrine ou l'herpès. À titre de comparaison, celui des antibiotiques destinés à lutter contre la pneumonie est d'environ 80 %. Des cas de « guérisons » célèbres témoignent également de l'efficacité de placebos sur la fonte de tumeurs cancéreuses ou la régénération des cellules immunitaires chez des malades atteints du sida.

À travers l'hypothalamus, situé à la base du cerveau, nos pensées peuvent présider à la distribution d'hormones essentielles et contrôler le réseau diffus de l'innervation des viscères. Le mécanisme le plus intrigant est sans doute celui proposé par le Pr Candice Pert. Elle a démontré que les peptides – petites molécules servant à la transmission de messages entre les neurones du cerveau – affectent aussi le comportement de la quasi-totalité des cellules du corps, qu'elles soient immunitaires, digestives ou vasculaires. Donc, ce que l'on appelle l'« esprit » ne serait pas localisé uniquement dans le cerveau, mais dans l'ensemble du corps. Animé par le va-et-vient incessant de ces messagers moléculaires, il constituerait un immense réseau de communication englobant toutes les fonctions de l'organisme. L'effet placebo ? Ce serait donc tout ce qu'on ne sait pas de la capacité du cerveau à guérir le corps. C'est sans doute là que réside le secret des chamans et autres guérisseurs : leurs rites, chants, gestes s'adresseraient directement aux parties les plus archaïques du cerveau – cerveaux reptilien et limbique –, celles qui régulent notre organisme et peuvent participer à sa guérison.

La médecine scientifique a perdu cette connaissance. Elle l'a remplacée par la maîtrise de principes mécaniques qui permettent de soigner la maladie sans parler au malade.

Toutefois, même sans chaman, vous pouvez profiter de ces liens corps-esprit. Trouvez un médecin dont la personnalité vous réconforte et qui sache écouter votre histoire. Demandez-lui de vous expliquer vos symptômes et le traitement qu'il propose. Invitez-le, enfin, à vous décrire les étapes qui doivent vous mener de la maladie au bien-être.

Juillet 1999

À la recherche d'une nouvelle médecine

Au XXe siècle, les grandes percées de la médecine ont ouvert le corps à l'œil humain – par la radiographie, les ultrasons, la résonance magnétique – et permis de soigner les fléaux ancestraux tels que les infections bactériennes, grâce aux antibiotiques. Les neurosciences ont entraîné la découverte des antipsychotiques et des antidépresseurs qui soignent, en partie, la « folie ». La chirurgie s'est affinée au point de pouvoir réparer la cornée ou rattacher une main, quand elle ne remplace pas complètement des organes tels que le cœur, les poumons ou le foie. Pourtant, le moteur même de cette révolution – le modèle biomédical qui veut réduire toute maladie à son origine dans les mécanismes de la cellule – commence à s'essouffler. Et derrière l'arrogance justifiée par ses succès, la médecine occidentale n'est plus si sûre d'elle-même.

À la fin de notre millénaire, son grand défi est celui des maladies chroniques : athérosclérose, diabète, cancer ou Alzheimer. Les plus fervents défenseurs du modèle biomédical mettent tous leurs espoirs dans la biologie moléculaire qui promet haut et fort l'élimination de ces maladies par la maîtrise de l'expression des gènes – ces rubans d'ADN contrôlant l'appareil biochimique du corps. Ce ne serait qu'une question de temps et de budget. Au même moment,

23

un autre courant, une autre vision du corps humain, gagne du terrain tous les jours. Il met en question le principe même de cette réduction de l'homme et de la maladie à des réactions biochimiques ou moléculaires.

L'idée est simple. Elle énonce comme une évidence que la maladie chronique est bien plus qu'un dérèglement de quelques cellules. Elle propose de voir le corps comme un ensemble de fonctions régulatrices qui dépendent de façon intime les unes des autres. Un cancer, par exemple, n'est pas seulement un groupe de cellules dont la multiplication s'emballe. Il suppose aussi l'affaiblissement du système de défense immunitaire, dont le bon fonctionnement est sous le contrôle du cerveau, donc de la pensée et de nos émotions. Dans le domaine du cancer, le champ est grand ouvert depuis les études montrant que la durée de vie des malades dépend, pour beaucoup, de la qualité de leurs relations sociales et de l'attitude qu'ils adoptent. Un rapport récent du plus grand centre d'épidémiologie au monde – le Center for Disease Control, aux États-Unis – indique même que plus de 50 % des maladies chroniques pourraient être attribuées à l'accumulation de traumatismes émotionnels subis dans l'enfance.

Aussi révolutionnaires que ces idées puissent paraître, elles semblaient déjà évidentes aux grands médecins de l'Antiquité. Hippocrate parlait de la *pneuma*, la force vitale qui devait régir l'harmonie des fonctions du corps. Le fondateur de la médecine chinoise, Pien Chhio, se référait de son côté au *ch'i*. Tous deux imaginaient cette force comme ce qu'on appellerait aujourd'hui un champ d'énergie, un champ qui naît du fonctionnement des organes en interaction les uns avec les autres et qui, en retour, leur est nécessaire pour coordonner leurs actions et maintenir le corps dans un état de parfaite santé. La maladie était vue comme un trouble dans l'activité de ce champ. Le traitement consistait à rétablir le flot normal de l'énergie régulatrice, par le massage, la prescription d'herbes médicinales ou l'acupuncture.

À la recherche d'une nouvelle médecine

Au tournant du siècle, il devient clair que le problème des maladies chroniques ne sera pas résolu sans une théorie radicalement nouvelle des principes qui harmonisent les fonctions du corps. C'est là le défi lancé à la médecine occidentale conventionnelle. Si les médecines dites « parallèles » ou « alternatives » savent se rattacher à la tradition scientifique qui nous a tant donné, alors ces nouveaux courants pourraient bien être en train de définir le modèle médical qui dominera la médecine du troisième millénaire.

Décembre 1999

Écrire pour guérir un peu

Votre médecin vous a-t-il demandé d'écrire l'histoire de vos malheurs ? Probablement pas. Pourtant, le très sérieux *Journal of the American Medical Association* a récemment publié une étude montrant que l'écriture pouvait avoir une influence profonde sur la souffrance physique. Des patients atteints d'asthme ou d'arthrite ont eu à décrire le moment le plus difficile de leur vie. D'autres, simplement leur plan pour la journée. Quatre mois plus tard, ceux qui avaient planché sur leurs difficultés durant trois jours consécutifs, à raison de vingt minutes par jour, se sentaient mieux, prenaient moins de médicaments pour soulager leurs symptômes et avaient moins vu leur médecin ! S'il existait une pilule qui, en trois prises, avait un tel effet, pas un médecin ne manquerait de la prescrire.

Ces résultats stupéfiants restent à confirmer. Mais les romanciers n'ont-ils pas toujours rendu hommage aux vertus thérapeutiques de l'écriture ? « Un roman est toujours auto-biographique », rappelle Madeleine Chapsal, et l'exercice est libérateur. L'auteur a souvent parlé de la façon dont elle s'est guérie de la blessure quasi mortelle assenée par l'homme qui la quittait dans *La Maison de Jade*[1]. Cependant

_____
1. Grasset, 1986.

il n'est pas nécessaire d'écrire un roman – ni d'avoir du succès – pour que nos propres mots nous soignent. Il n'est même pas nécessaire d'être lu par un autre. La prescription d'un essai narratif dans un but médical est une pratique reconnue depuis longtemps pour le traitement des syndromes de stress post-traumatique ou des états de deuil dépressif. Les patients ont pour tâche de décrire le détail de ce qu'ils ont vécu et qui les hantent encore. Le simple fait de mettre les mots sur le papier apporte souvent une sensation de soulagement. « Comme une énorme pierre que je n'ai plus à porter », me disait un médecin kosovar qui venait de terminer dix pages sur son exode.

Les études fonctionnelles cérébrales confirment l'étrange rapport des mots aux marques neurologiques des traumatismes émotionnels. Dans le cerveau de patients qui souffrent d'un syndrome de stress post-traumatique, le souvenir de l'événement s'accompagne d'une activation du cortex visuel (l'« image inoubliable »), et des noyaux limbiques responsables des émotions et de leurs manifestations dans le corps. Simultanément, le centre de l'expression du langage – l'aire dite de Broca – est désactivé. Tout se passe comme si la nature physique des souvenirs traumatiques dans le cerveau était incompatible avec les mots (« Il n'y a pas de mots pour dire ce que j'ai vécu... »). L'écriture modifie peut-être l'équilibre entre les différentes aires de représentation qui s'activent pour un souvenir donné. Redonner naissance aux mots semble aider les émotions bloquées à se diffuser et libérer les énergies intérieures.

Bien sûr, la psychanalyse vante depuis longtemps le pouvoir libérateur du langage sur la douleur psychique. « La cure par la parole » était le surnom de ses débuts. Toutefois, le rôle de l'écriture et d'un journal privé est resté dans l'ombre des divans et des psychotropes. Seuls quelques praticiens éclairés, tel Jung, ont toujours eu envers cette pratique le respect qu'elle commence maintenant à acquérir. À vous de juger par l'expérience. Pour qu'un journal soit efficace, il suffit de respecter quelques règles simples. Il doit rester strictement personnel (promettez-vous de ne le faire lire à personne, sauf peut-être à votre thérapeute) ; il doit être honnête (ne perdez pas votre temps à vous mentir) ; il doit être régulier (on doit y aller comme à un rendez-vous avec son psy, qu'on en ait envie ou non). C'est là le principal secret. Donnez-vous une fréquence et une durée qui vous conviennent – par exemple, vingt minutes trois fois par semaine – et respectez votre rythme. Rapidement, c'est lui qui vous entraînera.

Février 2000

Le mauvais sort médical

« L'homme qui découvre qu'un ennemi lui jette un mauvais sort offre une image piteuse. Il se tient consterné, le regard fixé sur l'objet pointé vers lui et les mains levées comme s'il espérait se protéger du poison létal qu'il imagine en train de pénétrer son corps. Ses joues pâlissent, ses yeux deviennent vitreux, son visage exprime l'horreur... Il tente de hurler, mais généralement les sons restent étranglés dans sa gorge, et seule une mousse blanche sort au coin de ses lèvres. Son corps commence à trembler et ses muscles se contractent involontairement. Sa mort n'est plus qu'une affaire de quelques jours. » Walter B. Cannon, le grand physiologiste qui a donné son nom à la réaction de « *fight or flight* » (« combat ou évasion »), relate ainsi l'un des multiples comptes-rendus d'anthropologues sur le phénomène de « la mort par un mauvais sort » chez les populations primitives. Il attribue ce grand drame physiologique au pouvoir que les croyances peuvent avoir sur les aires les plus intimes et les plus archaïques de notre cerveau : les aires limbiques, que nous partageons avec tous les mammifères, et certaines mêmes avec les reptiles. Elles tiennent la clé de l'équilibre hormonal et immunologique de toutes les fonctions du corps : sécrétion du cortisol, de l'adrénaline ; contrôle des globules blancs « *natural killers* », qui éliminent en permanence les tissus précancéreux et les bactéries ; etc. Leur bon fonctionnement est nécessaire à l'harmonie du corps. Leur dérèglement est une cause certaine de maladie ou, comme on le voit dans cette observation, de mort.

Dans son brillant essai, écrit en 1942, Cannon se limite à l'étude de populations « indigènes » qu'il qualifie d'« ignorantes, superstitieuses et crédules ». Nous partageons toutefois exactement le même appareillage neurologique et physiologique. S'il est vrai que l'on voit rarement un de nos concitoyens s'effondrer devant le bâton d'un chaman malveillant, nous sommes aussi sensibles que nos frères « indigènes » aux manifestations symboliques qui nous condamnent. Combien d'entre nous, atteints d'un cancer, du sida ou d'un simple diagnostic d'« infertilité », ont échappé aux conséquences physiologiques de ces grands maux qui touchent jusqu'au plus profond de nos cellules ? L'accoutrement et les objets rituels de nos médecins sont aujourd'hui différents : blouse blanche, stéthoscope et scanner. Mais, dès lors que nous croyons en leur science, leurs déclarations continuent de pénétrer toutes les couches de notre organisme. Et si nous imaginons les « démons » qui nous menacent en termes plus scientifiques – une tumeur, un virus, un déficit immunitaire –, ces images n'en ont que davantage de pouvoir sur notre physiologie.

Pour chacune des grandes maladies, il existe des études permettant d'estimer la chance de rechute à un an, deux ans, trois ans, etc. Mais, pour chacune, une proportion de malades défie les statistiques. C'est ainsi que Michael Scheier, à l'université de Carnegie Mellon, a démontré que, après une opération à cœur ouvert, les malades optimistes sur leurs chances de s'en sortir ne sont pas réhospitalisés aussi souvent que les autres. Et cela, indépendamment de la sévérité de leur état. De même, une étude sur des malades atteints du sida a montré que ceux qui avaient une foi absolue en leur traitement sont en bien meilleure santé un et deux ans plus tard.

Alors, qu'en conclure ? Faudrait-il dire à son médecin : « Docteur, mentez-moi ! » ? Je ne crois pas. Cet optimisme qui nous soutient face aux diagnostics effrayants doit être ancré dans la vérité. Il suffit de se rappeler que 1 % des cas au moins échappent à tous les pronostics. Il faut se concentrer sur ce que ce pour-cent-là a fait pour s'en sortir, puis y adhérer de tout cœur. C'est ça le contrepoison du « mauvais sort » médical.

Avril 2000

Naissance d'une âme

Denis M. se prépare à mourir. Il a 32 ans. Il est médecin comme moi. Un lymphome sorti de nulle part le dévore depuis quelques mois. Il vient m'en parler souvent. Il dit qu'il veut comprendre, rester pleinement conscient, même dans la peur, même face au vide. J'écoute surtout car, en vérité, il comprend beaucoup mieux que moi.

« Ce qui m'a d'abord aidé, c'est de réaliser un matin que je n'étais pas le seul. Même si moi je suis si jeune, j'ai vu d'un seul coup que nous étions tous dans le même bateau. Tous ces types dans la rue, le présentateur de la télé, le président, et toi... Même toi, dit-il en évitant un peu mon regard, tu vas mourir aussi. Ça paraît idiot, mais de penser à ça me rassure. Par ce même destin je reste follement humain, et lié à vous tous, et à tous nos ancêtres et à tous nos descendants. Je n'ai pas perdu ma carte de membre. »

Dans ses rêves, Denis continue d'être pourchassé par des vampires. Un symbole transparent de la mort qui le traque. Mais, un jour, son rêve est différent. Les vampires le rattrapent et plongent dans sa chair leurs ongles et leurs dents. Denis hurle de douleur et se réveille en sueur. Jamais encore il n'avait pensé à ça : « Non seulement j'ai peur de mourir, mais maintenant j'ai aussi peur de souffrir. » Il ne sera rassuré que lorsque nous aurons établi un plan précis pour éviter toute douleur, quitte, s'il le faut, à écourter sa vie.

Puis vient un autre rêve. « C'est la fin du monde. Je suis enfermé dans un stade couvert. Il y a des amis de mes vingt ans et, autour, une foule immense. Nous savons qu'il ne reste que quelques heures, peut-être une nuit. Les gens hurlent sans raison. Certains font l'amour avec n'importe qui. D'autres se suicident ou s'entretuent. L'angoisse est insoutenable. Je peux à peine respirer. Ma tête va éclater. Jamais je n'ai eu aussi peur. C'est bien pire que l'idée de ma propre mort. Et pourtant ce rêve a tout changé. Oui, je vais mourir, mais... ce n'est pas la fin du monde ! »

Cet athée est encore perplexe, lui qui a toujours pensé que le monde disparaîtrait avec l'extinction de sa conscience. « Quelle importance peut-il y avoir à ce que le monde me survive ? Pourquoi ce réconfort inattendu ? » Et il découvre ce qu'il appellera plus tard son « âme ». Comment chacun de ses choix s'est imprimé à jamais dans le destin du monde par ses répercussions infinies. Comme le papillon de la théorie du chaos, dont le battement d'ailes en Afrique influence les ouragans d'Amérique. Denis prend conscience de l'importance de chacune de ses pensées, de chacune de ses paroles. Plus encore des gestes d'amour vers les autres, ou même vers la terre. Il les voit tous maintenant comme la semence d'une récolte éternelle. Il a le sentiment, pour la première fois, de vivre chaque instant. De bénir le soleil qui lui caresse la peau, comme l'eau qui rafraîchit sa gorge. Ce soleil qui déjà donnait la vie aux dinosaures. Cette eau qu'ils ont bue aussi. Qui fit partie de leurs cellules avant de redevenir nuages, puis océans. « D'où vient cette gratitude, chez moi qui vais mourir ? »

Et puis le vent aussi, le vent sur son visage. « Bientôt je serai le vent, et l'eau, et le soleil. Et surtout l'étincelle dans les yeux d'un homme dont j'ai soigné la mère ou guéri l'enfant. Tu vois, c'est ça mon âme. Ce que j'ai fait de moi,

qui vit déjà partout et y vivra toujours. » Un matin, je trouve
sur mon bureau un message laconique, tout juste sorti de l'ordinateur de l'hôpital : « Denis M. : CDR. » L'euphémisme
est poli – « Cessé de respirer ». Et moi je me demande s'il a
tout juste commencé.

Juin 2000

La spiritualité : un instinct

Paul n'est pas de nature influençable. Il dirige une petite entreprise et a appris qu'il ne peut faire confiance qu'à lui-même. Ni à ses employés ni au hasard ni à Dieu. Il accepte quand même de suivre les recommandations de son médecin afin d'améliorer ses migraines : vingt minutes de « relaxation-méditation » quotidiennes, pendant lesquelles il devra se concentrer uniquement sur le va-et-vient de sa respiration et sur un ou deux mots de son choix, « calme » et « paix », par exemple. Les instructions sont de tranquillement retourner vers ces points d'ancrage dès que son esprit s'en éloigne, sans attendre de résultats immédiats.

Un mois plus tard, Paul s'étonne de l'amélioration de ses maux de tête. Mais il s'étonne encore plus d'autre chose : la présence d'une force invisible, proche et personnelle, qu'il perçoit quand son esprit « s'arrête ». Elle semble naître de l'intérieur de son corps et de partout autour de lui. Bienveillante et douce, elle amène un sourire sur ses lèvres, et il accède alors à un calme intérieur qu'il ne connaissait pas jusqu'ici.

Dans son laboratoire de cardiologie, à Harvard, le Pr Herbert Benson remarque que 25 % des sujets participant à une recherche, qui se plient à ces instructions de relaxation ressentent des expériences « spirituelles »[1]. Que leur orientation préalable soit religieuse ou athée ne semble pas faire de différence. Le sexe, en revanche, oui. Les femmes y sont plus sensibles que les hommes.

Physiologiquement, la « réponse de relaxation », comme l'appelle Benson, est l'image en négatif de la réaction de stress : ralentissement du rythme cardiaque et respiratoire, réduction de la tension artérielle et musculaire, baisse importante de la consommation d'oxygène.

Les bénéfices médicaux sont multiples et bien référencés : 75 % de guérison des problèmes d'endormissement, 57 % de réduction des symptômes prémenstruels, 36 % de guérison dans les cas d'infertilité féminine non expliquée, réduction des arythmies cardiaques, des migraines, des douleurs chroniques, de l'anxiété. De la même façon que les réactions de stress répétées sont associées, sur le long terme, à de nombreuses maladies, la réponse de relaxation par la méditation semble normaliser certaines fonctions de l'organisme[2]. Et, surprise !, les sujets qui disent éprouver une expérience d'ordre spirituel lors de leur pause méditative semblent en tirer les plus grands bénéfices pour leur santé.

La contemplation silencieuse est une pratique universelle, commune à toutes les religions. Toutefois, son importance a diminué dans les sociétés occidentales en faveur de la prière. Mais il semble que la déconnexion simultanée du langage, de la raison et des préoccupations quotidiennes soit l'ingrédient essentiel de la réponse de relaxation et de l'accès à un sentiment d'universalité et de bien-être en présence d'une force plus grande que soi. William James, le grand

---

1. « Timeless healing : The power and biology of belief », *in Fireside*, 1996.
2. R. H. Schneider, A. Castillo-Richmond, « Effects of stress reduction on carotid atherosclerosis », *in Hypertensive African Americans*, 2000.

psychologue du XIXe siècle, proposait déjà cela dans son livre *La Variété des expériences religieuses*[1].

Et Benson a repris l'idée clé de James qu'une telle universalité dans la réponse à un exercice aussi simple suggère qu'elle ait une base génétique. Comme la peur face à un serpent, le vertige face à l'altitude, ou l'attendrissement devant le visage d'un tout-petit, l'expérience du spirituel serait, chez l'humain, un instinct, une réponse automatique en présence du silence intérieur.

On peut refuser de s'abandonner à cette expérience universelle et se tenir fermement aux prescriptions de la raison, qui ne voit que trop peu de traces de l'existence d'une force bienveillante et protectrice. Mais choisir le vide plutôt que l'expérience du sacré, c'est aussi choisir un système de croyance. Et il a, peut-être, l'inconvénient d'être moins bon pour la santé...

Septembre 2000

---

1. Exergue, 2000.

Défenses immunitaires :
nos émotions à la rescousse

Si le corps était une société, le système immunitaire serait sa police. Des globules blancs circulent continuellement et partout pour dénicher les intrus : une bactérie, une cellule infectée par un virus, un groupe de cellules cancéreuses qui commencent à devenir trop important. Mais ce n'est pas une police britannique aux manières respectueuses et sans armes. Lorsqu'une cellule anormale est détectée, les « *natural killer cells* » (cellules tueuses naturelles, dites « NK ») l'entourent immédiatement et lui injectent un poison qui fait littéralement éclater sa membrane et la détruit sur-le-champ. Après la bataille, d'autres cellules blanches, appelées macrophages, nettoient les débris et soumettent ces indices aux cellules NK qui détecteront plus rapidement de nouveaux intrus.

On sait depuis longtemps que plus ce système de défense fonctionne bien, moins l'organisme sera sujet aux maladies du vieillissement (arthrite, cancer et, même, sénilité). Ce qui est nouveau, ce sont les découvertes des vingt dernières années qui ont démontré que ce système immunitaire n'est pas indépendant – comme on l'a cru longtemps – de nos pensées et de nos émotions, mais y est au contraire soumis à chaque instant.

Notre corps aime la vérité

C'est d'abord Ader qui, en 1975, montre que l'on peut modifier le comportement des globules blancs en le conditionnant[1], de la même façon que les chiens de Pavlov pouvaient être conditionnés à saliver au nom d'une cloche. Dix ans plus tard, Felten apporte un début d'explication à cet étrange phénomène : la matrice, qui produit les globules blancs et les stocke en attendant qu'ils entrent en action, est bel et bien innervée par des ramifications du cerveau[2]. Presque au même moment, Shabitz confirme que la surface des globules blancs comporte des récepteurs qui leur permettent de recevoir des messages à travers les neuro-hormones sécrétées par le cerveau[3]. Et, quelques années plus tard, Cohen démontre que les individus stressés exposés directement au virus du rhume développeront plus souvent la maladie[4]. Il confirme ainsi l'implication pratique de ces découvertes théoriques : si le cerveau « n'y croit plus », le système immunitaire lui aussi lâche la barre. C'est le début d'une nouvelle discipline scientifique : la psycho-neuro-immunologie, qui étudie le lien neurologique entre la vie psychique et l'activité immunitaire, et qui constitue l'un des piliers de la nouvelle médecine « corps-esprit ». La clé qui permet de comprendre comment se sentir mieux dans sa tête aide aussi à se sentir mieux dans son corps.

Mars 2001

---

1. *In Psychosomatic Medicine*, 1975.
2. *In Journal of immunology,* 1985.
3. *In Science*, 1984.
4. *In New England Journal of Medicine*, 1991.

Pourquoi j'ai rapproché les deux médecines

Ce fut d'abord mon voyage en Inde avec Médecins sans frontières, auprès des enfants tibétains de Daramsala qui m'a amené à repenser la médecine telle qu'elle m'avait été enseignée. Dans cette ville de l'Himalaya ouverte sur le monde moderne, grâce à la présence du dalaï-lama, coexistent deux systèmes de santé. L'un, occidental, offre les soins auxquels nous sommes habitués : radiographies, chirurgie, antibiotiques, anti-inflammatoires, antidépresseurs, antalgiques, etc. L'autre, fondé sur la médecine traditionnelle tibétaine, se fie uniquement à l'examen des pouls, de la langue et des urines pour établir un diagnostic, puis soigne par la méditation, l'acupuncture, la nutrition, ainsi que des décoctions d'herbes médicinales dont aucune n'est reconnue par notre pharmacopée occidentale. Les deux systèmes vivent en harmonie, chacun ayant ses praticiens, ses pharmacies et ses facultés.

Formé à une médecine établie, sûre d'elle-même, scientifique, docteur en sciences, j'étais perplexe : comment un résident de Daramsala choisissait-il de se soigner ? Vers quel système se tourner ? Je commençai à poser cette question à tous ceux que je rencontrais, autant dans les bureaux ministériels que dans les réunions médicales ou au détour des

45

chemins. La réponse était unanime et désarmante de sim-
plicité : « Si vous avez un problème aigu – par exemple,
une fracture, une pneumonie ou une crise d'appendicite –, la
médecine occidentale est bien plus efficace et, surtout, très
rapide. Mais si vous souffrez d'un problème chronique
– asthme, arthrite ou maladie du cœur –, là, la médecine occidentale ne peut pas grand-chose pour vous, car elle soigne
les crises mais pas le problème de fond. Pour cela, il faut se
faire soigner par la médecine traditionnelle. C'est beaucoup
plus lent, mais il y a moins d'effets secondaires et ça marche
très bien aussi. » Ce fut là ma première rencontre avec un
système de santé complètement différent du nôtre, pourtant
généralisé à toute une population et dont l'efficacité semblait
évidente à des gens que je respectais pour leur expérience et
leur sagesse.

De retour à Pittsburgh, ces idées commencèrent à
m'agiter. Après sept années de travail clinique en hôpital et
de recherche en laboratoire, les doutes me gagnaient. Après
tout, les grandes maladies de cette fin de siècle sont quasiment toutes des maladies « chroniques », que ce soit les
problèmes cardio-vasculaires (première cause de mortalité
chez l'adulte dans les pays développés), le cancer ou le sida.
Quand elles tuent, c'est sur plusieurs années, et celles qui ne
tuent pas – dépression, diabète, obésité, arthrite – n'en
dévastent pas moins des millions de vies.

Jusque-là, tout ce qui n'était pas « la » médecine était
pour moi immatériel, non pertinent ; c'était ce qu'on appelait
le « parallèle », l'« alternatif » ou, entre nous, dans les salles de
garde, le « vaudou ». Or les limites de notre approche
conventionnelle, qui cherche à réparer le corps comme on
répare un moteur en changeant des pièces, m'apparaissaient
de plus en plus évidentes. Je commençais à me pencher
sur des études montrant que l'on pouvait soigner en utilisant
des mécanismes naturels d'autoguérison, comme ceux qui
permettent à une plaie de se refermer après une coupure. Il

suffisait pour cela d'orchestrer les conditions nécessaires à la guérison (désinfection et nourriture adéquate), puis de laisser l'organisme faire son travail. Peu à peu, plutôt qu'à un moteur aux pièces défectueuses, je réalisais que le corps pouvait se comparer à une plante dont il faut prendre soin. Pour qu'elle aille mieux, on lui apporte avant tout un meilleur équilibre dans ses conditions de vie : lumière, humidité, température, terreau, etc. On étaye les branches mortes qui lui pèsent pour lui permettre de regrouper sa force vitale et de mieux la canaliser. On la soigne, au fond, comme on aime : en lui donnant ce dont elle a besoin pour être pleinement elle-même.

La perspective de soigner ainsi devenait de plus en plus attrayante. Et, à ma grande surprise, à mesure que je m'informais sur ces médecines dites complémentaires, je découvrais que des preuves scientifiques de leur efficacité existaient. L'idée selon laquelle la « médecine officielle » était prouvée par l'expérience scientifique, alors que la « médecine parallèle » reposait sur du vent, se révélait complètement erronée. En focalisant ma recherche sur ce qui avait un support scientifique et ce qui n'en avait pas, il devenait évident qu'un bon nombre de pratiques étaient loin d'être « prouvées », et continuaient pourtant d'être utilisées couramment. Même quand elles étaient dangereuses, comme certains antidépresseurs – de type tricyclique – dont l'efficacité n'est pas supérieure à celle d'un placebo chez les enfants et les adolescents, et qui n'en sont pas moins prescrits malgré les risques cardiaques connus. Ce n'était donc pas l'existence ou non d'une preuve d'efficacité qui distinguait les pratiques officielles des pratiques parallèles, mais plutôt la familiarité que l'on a de leurs mécanismes d'action. L'acupuncture, dont les bienfaits sont prouvés, a du mal à pénétrer les murs de l'hôpital parce que la manière dont elle agit reste incomprise dans notre système de référence scientifique. De même pour la méditation, l'ostéopathie, le massage, certaines herbes ou l'EMDR[1].

Alors que de nombreux médecins et scientifiques américains commençaient comme moi à se poser de telles questions, le public, lui, avait déjà voté. En 1997, 70 % des Américains avaient utilisé au moins une forme de médecine complémentaire pendant l'année : au total, il y avait eu plus de visites à des praticiens « alternatifs » qu'à des généralistes conventionnels ; et les sommes engagées étaient considérables, avec plus de vingt et un milliards de dollars par an dépensés pour se soigner « autrement »[2]. C'est par ces chiffres que la médecine complémentaire s'est établie dans le champ de conscience de la médecine officielle et que la génération des baby-boomers a imposé sa vision d'une médecine moins autoritaire et plus humaniste.

Devant la résistance des institutions médicales qui se sentent parfois menacées, ce sont les grandes compagnies d'assurances et les mutuelles médicales qui risquent d'accélérer le mouvement d'intégration de la médecine complémentaire. Déjà, la sécurité sociale américaine et la grande compagnie privée Blue Cross/Blue Shield ont montré que de très importantes économies étaient faites quand les personnes atteintes de maladies cardiaques, au lieu d'être soumises aux pontages et autres interventions aussi courantes que coûteuses, suivaient le programme complémentaire du Dr Dean Ornish[3]. La méditation, l'exercice physique, la nutrition et les groupes de parole mis en place par ce médecin sont les

---

1. *Eye movement desensitization and reprocessing* ou désensibilisation et reprogrammation par des mouvements oculaires.
2. Ces chiffres sont encore en progression : selon un rapport du National Center for Health Statistics, les Américains ont dépensé 33,9 milliards de dollars en 2007 pour se soigner par des méthodes de médecine alternative. *(N.d.E.)*
3. Cardiologue, auteur de *Réfléchissez, mangez et maigrissez*, Éditions de l'homme, 1995.

seuls, par exemple, à avoir fait la preuve qu'ils peuvent réduire les dépôts d'athérome dans les artères coronaires. Or, le coût par malade pour ce type de soin représente le quart de celui des interventions conventionnelles.

La médecine complémentaire n'est encore qu'au début de son aventure mais c'est déjà un grand mouvement de société. L'immense machine médico-industrielle qui tient encore les rênes de la médecine occidentale ne laissera pas facilement sa place à un système de valeurs et de soins qui menace ses profits et réduit le pouvoir des médecins pour le rendre en partie aux malades. Toutefois, si nous avons réussi à établir un centre au sein de l'université de Pittsburgh – un des bastions les plus conservateurs de la médecine américaine –, c'est que ce mouvement prendra partout, et surtout en France où les esprits sont ouverts et le talent abonde.

Parmi les méthodes que nous avons intégrées au centre de Pittsburgh, la plus surprenante est la thérapie EMDR. Cette forme de psychothérapie ultrarapide permet de résoudre les symptômes d'anxiété et de dépression, souvent liés à des événements traumatiques du passé. En imitant les mouvements alternatifs des yeux qui ont lieu au cours du sommeil paradoxal, elle semble induire une transformation rapide de la représentation cérébrale du passé. En facilitant le transfert d'informations entre les hémisphères droit et gauche, elle permettrait une mise en contact plus efficace entre une émotion du passé et la représentation linguistique (cognitive) du présent.

Mars 2001

Phytothérapie : pourquoi ça marche

Jacques est un grand biologiste français, chercheur à l'Institut Pasteur. Il me regarde avec incompréhension : « Comment peux-tu croire qu'une herbe puisse être aussi efficace qu'un médicament ? Toute cette "phytothérapie", c'est de la foutaise ! » Jacques admet que de nombreux médicaments modernes sont extraits de plantes : l'aspirine obtenue à partir de l'écorce de saule ; la digitaline pour le cœur, extraite de la digitale ; etc. Mais ce qui lui paraît invraisemblable, c'est le principe même de la phytothérapie : qu'une plante à l'état naturel puisse être aussi efficace qu'un médicament, et cela sans présenter d'effets indésirables ou presque. « Si ces effets sont moindres, c'est parce que le principe actif est trop dilué, et l'efficacité s'en trouve aussi atténuée », insiste Jacques. Il n'en démordra pas. Pour lui, plus un médicament est « pur » – idéalement une molécule unique –, plus il a de chances d'être efficace. Aujourd'hui, pourtant, c'est la vision des phytothérapeutes qui commence à s'imposer. Les plantes sont de plus en plus utilisées pour remplacer des médicaments. Naturellement, elles peuvent aussi interagir avec certains médicaments. C'est le cas du ginkgo biloba, qui augmente l'action anticoagulante du coumadin. Le millepertuis, lui, atténue l'efficacité des rétroviraux contre le sida ou celle de la pilule contraceptive.

Certaines plantes provoquent aussi des effets indésirables graves. La réglisse, par exemple, peut entraîner une hypertension artérielle dangereuse. « Naturel » ne veut pas dire « 100 % sans danger ». Mais ces tragédies sont rares en comparaison de celles occasionnées par des médicaments conventionnels.

Comment ces plantes peuvent-elles soigner alors que chacune d'entre elles comprend plusieurs centaines ou milliers de molécules, et qu'on ne sait souvent pas déterminer laquelle exerce une action thérapeutique ? La réponse est plus simple qu'un biologiste pourrait l'envisager. Imaginez un plat de spaghettis à l'huile d'olive vierge avec une pointe d'ail et du sel marin. Quatre ingrédients et un plaisir assuré. Maintenant, imaginez-vous dégustant ces mêmes spaghettis sans assaisonnement, ou buvant l'huile d'olive à la bouteille, ou croquant une gousse d'ail, ou avalant le sel nature... Ce qui fait le délice de ce plat, c'est la synergie des ingrédients. Chacun pris individuellement est immangeable. Pourquoi en serait-il autrement en matière de molécules curatives ? N'en déplaise aux puristes, c'est à travers la relation équilibrée entre plusieurs ingrédients et interventions que s'exprime l'harmonie des soins.

Mai 2001

Respiration abdominale : le souffle sacré

« Le souffle est guidé par la pensée, et la pensée est guidée par le souffle », dit *Le Secret de la fleur d'or*[1], ancien texte taoïste introduit en Occident en 1929 par Wilhelm et Jung.

Ce n'est pas d'oxygène qu'il s'agit, mais du contrôle de la respiration, fondamental pour la médecine chinoise depuis trois mille ans. Agitée, inégale, saccadée, tout l'organisme basculerait dans l'anxiété. Posée, délibérée, régulière, elle entraînerait paix et repos de l'esprit. La réguler est l'une des clés du qi gong et du prana yoga, dont la médecine occidentale commence à reconnaître la sagesse. La physiologie moderne décrit deux systèmes nerveux « autonomes » – ainsi qualifiés parce qu'ils ne peuvent être consciemment dirigés.

Le système nerveux sympathique dirige l'attention de l'organisme vers l'extérieur et le met en état d'alerte : décharge d'adrénaline, accélération du rythme cardiaque, hausse de la tension artérielle et musculaire.

Le système nerveux parasympathique détourne l'attention de l'organisme vers l'intérieur et fait baisser les défenses : flot d'acétylcholine, ralentissement des pulsations

---

1. Traduit en français par Lu Dingbin et Liu Huayang, Médicis-Entrelacs, 1998.

du cœur, baisse de la tension artérielle, relaxation des muscles, entraînant un état de calme, portail de la paix intérieure.

Il se trouve que notre façon de respirer peut aider l'un de ces systèmes à dominer l'autre à un moment donné. Ainsi, quand l'inspiration et l'expiration sont superficielles et ne font intervenir que la cage thoracique (comme si l'on respirait dans un corset trop serré à la taille), le système sympathique prend les commandes. Rapide, haletante (même sans effort physique), cette respiration réduit à néant ou presque la contribution du système parasympathique. Au pis, elle peut déclencher une violente attaque d'anxiété ; au mieux, nous rendre plus sensibles aux agressions et tentations extérieures (d'où irritabilité excessive, peur et fuite devant un incident mineur, désir machinal pour le premier tranquillisant venu – chocolat, cigarette, bière, etc.). À l'inverse, une respiration lente et profonde fera jouer le diaphragme qui fait sortir et rentrer l'abdomen avec le va-et-vient du souffle jusqu'au fond des poumons (mains à plat sur vos hanches, vous sentez vos pouces s'écarter de vos doigts à chaque inspiration). Le système parasympathique domine et bloque les effets anxiogènes du système sympathique : la tension du corps se relâche un peu plus à chaque expiration, comme si elle n'attendait que l'ouverture de cette voie pour s'échapper. C'est l'une des portes d'entrée de la méditation et de tous les états transcendantaux. Peur, colère et désirs inutiles s'évanouissent sous la douceur de ce souffle que beaucoup disent sacré.

Tout petits déjà... bébés, nous avons tous commencé par respirer par l'abdomen, pratiquant ainsi spontanément la méthode enseignée dans les grandes traditions spirituelles méditatives et yogiques. À l'âge adulte, en revanche, nous respirons presque tous par le thorax plutôt que par l'abdomen, ce qui provoque tensions et anxiété.

Juillet 2001

Hypnose, méditation et chirurgie

La chirurgie, fleuron de la médecine occidentale, est un univers technique où la stérilité doit être parfaite, où chaque geste est calculé, répertorié et « monitoré » par des machines aussi implacables qu'efficaces. Toutefois, les prouesses des cinquante dernières années – de la microchirurgie de la main à la transplantation cardiaque, en passant par le remplacement de la hanche – ont transformé le patient en un objet passif de la science et de l'art du chirurgien. Une fois son accord donné pour être opéré, quelle participation peut-il imaginer, puisqu'il subira l'intervention sous anesthésie générale ?

« Alors que cette question semble absurde à la majorité des chirurgiens – et des patients –, une révolution s'amorce. Des études scientifiques commencent à démontrer ce que certains soupçonnaient depuis longtemps : l'attitude du patient et sa préparation mentale jouent un rôle important dans la réponse du corps à cette « agression bien intentionnée ». Sans que l'on comprenne pourquoi, il est maintenant démontré que des explications sur la nature de l'intervention et sur ce à quoi le patient doit s'attendre, un entraînement à la relaxation et des séances d'hypnose pour conditionner la réponse du corps pendant l'opération réduisent les pertes de sang et les complications (pendant et après l'intervention), la douleur postopératoire et même la durée de l'hospitalisation[1] !

Il est aussi démontré que, après certaines interventions, notamment dentaires et gynécologiques, l'acupuncture permet de réduire – de plus de deux tiers – l'utilisation d'opiacés, en contrôlant directement la douleur[2]. Mais le plus surprenant reste l'impact des suggestions hypnotiques susurrées aux malades via un baladeur pendant l'anesthésie. Une étude a montré que, après plusieurs jours, les infirmières reconnaissaient, dans plus de 80 % des cas, les malades traités ainsi : ils se remettaient plus rapidement et avec moins de souffrance que les autres !

Un chirurgien raconte l'histoire d'une malade pour qui ses amies avaient fait une prière en tenant une pierre dans leur main : celle-ci devait accompagner la jeune femme pendant son opération. Lorsque le médecin s'aperçut que la pierre n'était pas là, il retarda l'opération pour la retrouver. Interrogé sur cette décision, il répondit simplement : « Quand j'opère, j'ai besoin de toute l'aide que je peux recevoir ! »

Même si les conclusions de ces études demeurent controversées[3], est-il raisonnable, aujourd'hui, de se priver de cette aide si anodine et potentiellement si bénéfique ?

Novembre 2001

---

1. Lire *The Lancet*, 1988, vol. 2 (8609) et *British Medical Journal*, 1990, vol. 301.
2. *Anesthesia Analgesia*, 1998, vol. 87. Certains patients semblent garder un souvenir de ce qui s'est passé pendant l'opération, *Circulation*, 1998, vol. 98.
3. *British Journal of Anaesthesiology*, 1993, vol. 71.

La simulation de l'aube

Il est 7 heures et il fait nuit noire. La sonnerie du réveil déchire le calme et interrompt votre rêve. Les paupières lourdes, vous dirigez avec difficulté votre main vers l'intrus pour le faire taire. « Encore cinq minutes... », plaidez-vous piteusement. La journée commence mal. L'heure d'hiver est de retour... avec ses matins noirs et difficiles. Pour beaucoup d'entre nous qui vivons sous la latitude de Paris (la même que celle de Québec, au Canada ou de Seattle, aux États-Unis), cette époque de l'année entraîne avec elle des symptômes de dépression dite « hivernale ». Ce syndrome, qui sévit généralement entre novembre et mars, est une mini-hibernation : sommeil excessif avec réveils difficiles, appétit accru, baisse d'énergie, irritabilité, etc. Dix pour cent d'entre nous traversent alors une véritable dépression, souvent soignée par des antidépresseurs lorsque son caractère hivernal n'est pas reconnu. La plupart ressentent simplement un malaise, qui s'installe à l'automne pour s'envoler au printemps.

Depuis une vingtaine d'années, ces symptômes se soignent très bien par l'exposition à la lumière simulée du soleil : trente minutes devant une lampe spéciale, le matin, au réveil. Mais une nouvelle méthode révolutionnaire vient de naître : la simulation de l'aube. Vous voulez vous lever à 7 heures ? Dès 5 h 30, un appareil tout simple, déclenche l'éclairage dans votre chambre. Tout en douceur, il simule l'apparition – d'abord très lente, puis de plus en plus rapide – de la lumière de votre nouvelle journée ? Vos yeux, même fermés, sont très sensibles à ce signal, qui est le déclencheur du réveil pour l'espèce humaine depuis la nuit des temps. Cela ne fait que quelques siècles que nous tentons de nous libérer de l'emprise de ce rythme que la nuit et le jour ont toujours imposé à nos ancêtres. Ce signal de l'aube, notre cerveau et notre corps y sont parfaitement adaptés. Du coup, le réveil se fait naturellement, sans interrompre un rêve qui aura compris, dès la faible intensité de la lumière, qu'il doit commencer à se conclure de lui-même. Pour ceux que cette douceur inquiète, certains appareils sont dotés d'une « sonnerie de rattrapage »...

Grâce à une étude réalisée durant cinq ans à Seattle, ville la plus pluvieuse des États-Unis, le Dr Avery a démontré que la simulation de l'aube est très efficace pour traiter ces fameux symptômes d'hibernation[1]. Il semble que le cerveau soit encore plus réceptif à cette méthode naturelle qu'à l'imposition d'une lumière vive et artificielle qui n'a pas été annoncée. En outre, les bénéfices ne sont pas limités à la dépression : des conjoints de patients qui se sont soumis à l'expérience ont décrit qu'ils se sentaient « énergisés » par ces réveils plus conciliants, dont ils bénéficiaient indirectement. Pour ma part, le simple fait que mes rêves puissent être protégés contre un réveil brutal me donne envie d'essayer.

Décembre 2001

---

1. *In Biological Psychiatry*, août 2011.

Les neurones de la spiritualité

Entouré de scientifiques dans un laboratoire d'imagerie fonctionnelle cérébrale, à Philadelphie, aux États-Unis, un méditant bouddhiste décrit ce qu'il vient de ressentir en atteignant son niveau habituel de transcendance. « Il y avait une sensation d'énergie centrée en moi, qui s'éloignait vers l'espace infini puis me revenait. Un profond sentiment d'amour. Le sentiment que les frontières autour de moi se dissolvaient, qu'une connexion s'établissait avec une énergie et un état d'être brillant de clarté, de transparence et de joie. Je me sentais profondément relié avec toute chose. »

Lors de la même expérimentation, une religieuse franciscaine a prié pendant trois quarts d'heure : « J'ai ressenti une communion, une paix, une ouverture. Le sentiment d'être tantôt centrée dans le silence et le vide absolu, tantôt remplie par la présence de Dieu, comme s'il infiltrait tout mon être. »

La dizaine de participants à l'étude, principalement chrétiens et bouddhistes, ont tous fait état de sensations subjectives comparables, même si leur foi était différente. Lorsqu'ils signalaient le sommet de leur expérience en tirant sur une petite corde, une substance faiblement radioactive était injectée dans leurs veines pour marquer les régions de leur cerveau en activité. Résultat : une signature neurologique spécifique, la désactivation de la zone postéro-supérieure du lobe pariétal, proche du sommet du crâne. Cette région est nécessaire à l'orientation du corps dans l'espace, de soi par rapport aux autres et au monde. Il est possible qu'en la privant de stimulation extérieure – par une concentration intense – elle soit comme « anesthésiée » et induise la sensation de dissolution du soi dans l'espace et le temps décrite par les mystiques[1].

Michael Persinger, de l'Université laurentienne, au Canada, travaille depuis vingt ans sur le rapport entre les activités électriques anormales repérées dans les lobes temporaux et les expériences spirituelles[2]. Il est aujourd'hui persuadé que celles-ci correspondent avant tout à de mini-crises d'épilepsie dans les aires spécialisées du langage et des émotions. Freud, déjà, dans une préface aux *Frères Karamazov*[3], établissait un lien entre la maladie épileptique de Dostoïevski et sa préoccupation religieuse et morale. Le même argument a été utilisé pour expliquer les révélations de saint Paul, Jeanne d'Arc ou sainte Thérèse d'Avila. Idem quant à l'immersion presque obsessionnelle – mais si géniale – dans des états modifiés de conscience, qui permettent de vivre des événements sous l'aspect de l'éternité. Par exemple, dans le cas de la madeleine de Proust, où se télescopent passé et présent. Depuis une centaine d'années effectivement, une tendance marquée à la religiosité est décrite chez les malades qui souffrent d'épilepsie du lobe temporal.

Le Dr Persinger ne s'est pas contenté d'une spéculation historico-clinique. Il a créé un casque électromagnétique, qui permet d'induire une activité électrique anormale dans les lobes temporaux. Certains volontaires racontent qu'à chaque stimulation, ils vivent des expériences étranges, voire

---

1. Newberg et Alavi, *in Psychiatry Research : Neuroimaging*, 2001, nº 106.
2. *Perceptual & Motor Skills*, États-Unis, 1993, nº 76.
3. Folio, Gallimard, 1973.

« supernaturelles », tels la sensation d'être sortis de leur propre corps et de s'observer de l'extérieur, ou simplement le sentiment de la « présence tangible du divin ». Pour le scientifique, c'est la preuve que les expériences spirituelles sont avant tout la manifestation de dysfonctionnements temporaires dans certaines aires cérébrales, dysfonctionnements qui peuvent être induits par diverses circonstances : stress émotionnel, baisse d'oxygène, hypoglycémie, ou simplement fatigue. Ce serait la raison pour laquelle les rites, qui facilitent les expériences mystiques, utilisent souvent une combinaison de ces facteurs. Exemple : la flagellation chrétienne ou les pratiques solitaires des moines tibétains dans les montagnes de l'Himalaya.

Un professeur de psychiatrie spécialisé dans le traitement par électrochocs tirait de ces observations une conclusion lapidaire : « Au fond, la transcendance mystique se résume à une petite décharge électrique du tronc cérébral. Et dire que, depuis cinquante mille ans, les hommes s'égorgent pour ça... » Pour lui, comme pour beaucoup de scientifiques, « Dieu » et la transcendance sont une émanation du cerveau de l'*Homo sapiens* ; une hallucination à laquelle les neurones sont réceptifs, et autour de laquelle les humains ont créé des systèmes de pensée plus ou moins rationnels pour la justifier. Une conclusion logique et tentante. Surtout pour nos esprits matérialistes, beaucoup plus à l'aise avec ces données observables qu'avec l'idée d'une présence immatérielle, que nos instruments ne peuvent percevoir ni objectiver. En effet, pas d'enregistrement de Dieu, pas de trace sur papier millimétré, alors que cette capacité du cerveau à créer une expérience du spirituel, elle, est parfaitement démontrable.

Mais ce raisonnement peut aussi être retourné contre lui-même. La stimulation du cortex visuel évoque des images ; celle du cortex auditif, des sons ; celle du cerveau limbique, des émotions. Et cela ne remet aucunement en doute l'existence réelle d'objets à visualiser, de sons à entendre ou de situations à ressentir. Dans un autre registre, on constate chez les consommateurs d'ecstasy une tendance à éprouver une intense émotion amoureuse envers n'importe quel partenaire disponible. Ce produit active donc les zones du cerveau impliquées dans la véritable émotion amoureuse. Mais l'existence de telles zones et le fait qu'elles puissent être stimulées ne remettent pas en question l'existence même de l'amour. Une seule conclusion légitime s'impose : notre cerveau est prédisposé à certaines expériences, dont la vision, l'audition, l'amour et... la spiritualité.

Nous savons, depuis les travaux de David Hubel et Torsten Wiesel, lauréats du prix Nobel de physiologie et de médecine en 1981, sur le cortex visuel[1], que les aires cérébrales dont nous ne faisons pas usage s'atrophient. On peut imaginer que les aires de réception spirituelles de beaucoup d'entre nous ont connu le même scénario.

La démonstration scientifique de la propension du cerveau à la spiritualité viendra probablement soutenir le développement en Occident de traditions telles que le bouddhisme, l'hindouisme ou le soufisme, qui apportent une sorte de « technologie » de l'expérience spirituelle. Mais il y a toutes les raisons de croire que le mystère qui persiste au-delà de la science et de la théologie restera essentiellement le même : le cerveau a-t-il créé un Dieu qu'il est apte à percevoir, ou Dieu a-t-il créé le cerveau de l'homme pour qu'il reçoive son message...

Jusqu'à l'avènement des antibiotiques – avec l'efficacité qu'on leur connaît –, la confiance du malade dans le traitement avait toujours semblé essentielle à son succès. Armand Trousseau, un grand médecin français du XIXᵉ siècle, disait même à ses élèves : « Soignez le plus grand nombre

---

1. *Nature*, 1982, nº 299.

de malades possible avec les nouveaux médicaments avant qu'ils ne perdent leur efficacité » ; sous-entendu : « ... avant que les malades n'y croient plus ». Pour bon nombre de maladies, nous savons maintenant que l'« effet placebo » – la guérison induite par la confiance – est efficace dans près de 70 % des cas si trois conditions sont respectées : le malade y croit, le médecin y croit, et leur relation est basée sur une confiance réciproque. Et la médecine moderne commence à reconnaître l'existence de l'effet inverse : que le pessimisme peut tuer.

Au-delà de la simple confiance, la ferveur religieuse semble elle aussi induire une meilleure santé générale : moins d'anxiété et de dépression, moins d'hypertension, et une durée de vie plus longue. Jung, déjà, conseillait au fondateur des Alcooliques anonymes d'inclure dans ses fameuses « douze étapes » l'acceptation d'une « puissance supérieure ». Toutefois, quand elle devient excessive, cette ferveur n'a pas que des effets bénéfiques pour la santé. Les témoins de Jéhovah n'ont pas le droit aux transfusions de sang, ni les catholiques au divorce ou à la contraception. Et la culpabilité, sur laquelle les religions prennent trop souvent leur assise, est rarement la voie royale du développement personnel.

Décembre 2001

Soigner son cœur comme une plante

Cinq ans après leur participation au programme « naturel » du Dr Dean Ornish, les malades cardiaques voient leurs vaisseaux en partie nettoyés, leur myocarde mieux oxygéné, leur capacité d'exercice augmentée, et leur tendance dépressive ou colérique fortement atténuée.

La maladie coronarienne est la première cause de mortalité en France comme dans tous les pays développés, où l'on constate un fort encrassement des artères du cœur – souvent plus de 70 % – à partir de la cinquantaine. Le coût des maladies cardiaques est considérable pour la Sécurité sociale, qui doit faire face à la multiplication des pontages, angioplasties, médicaments et journées de réanimation. Surtout, ces traitements traditionnels ne sont efficaces qu'à court terme, car ils ne s'adressent pas à la cause principale de la maladie : l'oblitération progressive des artères coronaires et le manque d'oxygène du muscle cardiaque (le myocarde).

Aux États-Unis, le Dr Dean Ornish, cardiologue et professeur à l'université de San Francisco, tente de faire reculer la maladie coronarienne grâce à un programme « naturel », qui relève du principe fondamental de la médecine complémentaire : « Apportez au corps ce dont il a besoin et cessez de l'empoisonner et il guérira souvent tout seul. » Pendant douze semaines, il demande à ses patients de s'identifier à une plante fragile qu'il faut réanimer et soigner. Les consignes :

- Arrêter de fumer. Complètement.
- Manger des produits sains et réduire les graisses inutiles.
- Faire de l'exercice physique (une heure trois fois par semaine).
- Améliorer ses relations aux autres, notamment en participant à des groupes de parole.
- Faire du yoga ou de la méditation pour retrouver le calme et la paix intérieure.

Quelques « évidences » qui, appliquées au quotidien, apportent des résultats plus probants que la plus sophistiquée des chirurgies ou des drogues. D'ailleurs, la méthode Ornish a été reconnue officiellement[1]. Une étude a montré que sur plus de quatre cents patients « à haut risque », aucun n'a eu d'infarctus, et un seul a dû subir un pontage dans les trois ans qui ont suivi le programme[2]. S'il existait un médicament capable de tenir une telle promesse, il n'aurait pas de prix ! Aux États-Unis, la Sécurité sociale et une grande mutuelle privée l'ont bien compris : elles mettent en place ce programme et le remboursent intégralement. Mais les médecins et l'industrie chirurgico-pharmaceutique américaine résistent toujours. On le comprend : en 1995, le commerce du pontage cardiaque représentait déjà plus de 22 milliards de dollars...

Janvier 2002

---

1. K. L. Gould et coll., *in JAMA*, 1995, vol. 274.
2. A. Silberman, *in Front Health Serv Man*, 2000, vol. 17.

Sommes-nous « télédépendants » ?

Assis au poste des infirmières, j'écoute d'une oreille distraite leur conversation avec des internes : « Je ne peux pas voir en peinture la nouvelle petite amie de Carter ! – Moi non plus. L'idée qu'ils vont peut-être se marier me donne des frissons. Dire qu'il faudra la supporter une fois par semaine ! »

Je les imagine plongés dans le flot de la vie, aux prises avec l'essence même de la réalité humaine : les relations que l'on tisse avec ceux qui nous entourent, qui font le malheur et la joie de notre espèce, conçue pour la vie en groupe. Dans cette société où nous sommes, au fond, si isolés les uns des autres, où nous souffrons de ne pas appartenir à une communauté, ce ronronnement a quelque chose de rassurant... Soudain, je comprends mon erreur. Ce n'est pas d'un ami commun dont ils parlent, mais de l'un des personnages de la série *Urgences* ! Ces hommes et ces femmes nourrissent leur vie affective de personnages virtuels !

C'est vrai que les amis virtuels ont des avantages : constamment disponibles, ils sont toujours intéressants et drôles ; on n'a pas besoin de leur faire à dîner ni de ranger l'appartement avant qu'ils arrivent, et ils s'en vont quand on veut, sans que l'on ait besoin de bâiller pour le leur faire comprendre ! Dans notre vie surchargée, pourquoi ne pas choisir

Friends plutôt que de vrais amis ? Pourquoi ? Parce que chaque heure que nous consacrons à ces mirages est une heure volée à notre réalité : à notre partenaire, avec qui nous ne faisons jamais assez l'amour ; à nos enfants, avec qui nous ne construisons jamais assez de châteaux en Espagne ; et à nos amis, avec qui nous ne jouons jamais assez aux cartes, au foot ou aux idiots, faute de temps, de tout ce temps passé avec Ally McBeal et ses collègues, que nous ne rencontrerons jamais.

Pourquoi ? Parce que plusieurs études sérieuses montrent l'importance des liens sociaux – les vrais –, autant en ce qui concerne l'équilibre mental que la santé physique. Le danger des grandes « dépendances », comme l'alcool ou la drogue, n'est pas l'état d'intoxication, mais le fait que l'alcoolique ou le toxicomane finit par compter d'abord sur sa drogue pour tirer satisfaction de l'existence, et ce, aux dépens de ses relations affectives. Quel besoin de se confronter aux autres si l'on croit pouvoir tirer le même plaisir d'une drogue beaucoup plus disponible et beaucoup plus docile ? Jamais une bouteille de whisky ou une série télévisée ne s'est éclipsée dans la salle de bains en disant : « Pas ce soir... » Dans mon expérience auprès des mourants, aucun ne m'a fait part du regret de n'avoir pas assez regardé la télévision. En revanche, combien ont déploré ne pas avoir pris le temps d'être en présence des autres... Et le plus curieux, c'est que ce que nous aimons regarder dans ces séries, c'est précisément cela : des hommes et des femmes qui savent être en présence des autres et qui s'en donnent le temps !

Mars 2002

Payons notre dette au sommeil

Émile a 37 ans et dirige son entreprise. Il me dit qu'il perd la mémoire et qu'il est convaincu d'avoir un début de maladie d'Alzheimer. Il n'essaye même plus de se souvenir du nom des gens qu'il rencontre ; pourtant, il sait que c'est important pour ses affaires. Hier, il avait oublié le numéro de téléphone de son associé qu'il appelle tous les jours. Il a dû consulter son carnet. « Tout de même, je perds la mémoire ! »

Ma première question le surprend :

— Combien de temps dormez-vous la nuit ?

— Entre six et sept heures, pourquoi ?

— Avez-vous besoin d'un réveil pour vous lever le matin ?

— Bien sûr ! Comment peut-on se réveiller autrement ?

— Et si vous vous allongiez dans une pièce sombre pendant la journée, pensez-vous que vous vous endormiriez ?

— Ah oui ! J'ai essayé de prendre des cours de yoga, mais, dès que je fais un exercice de relaxation, je m'endors !

Le diagnostic est clair : manque de sommeil chronique. D'après mon expérience, c'est la principale cause de troubles de la mémoire chez les personnes jeunes – beaucoup plus fréquente, donc, que la démence. Des études américaines estiment que plus de la moitié d'entre nous dorment de une heure à une heure et demie de moins que nécessaire. Au

XVIIIe siècle, la moyenne de sommeil était de neuf heures à neuf heures et demie. Un rythme qui se calquait sur celui du soleil et de la lune. Mais c'était avant l'électricité, avant la télé, avant le club de sport, avant l'e-mail. À l'aube du XXIe siècle, respecter ses besoins de sommeil est devenu un luxe. Quelque chose que l'on ne fait qu'en vacances, et encore. En ville, admettre que l'on dort plus de huit heures dénote même un certain « manque d'ambition » !

Pourtant, les conséquences du manque de sommeil ne se limitent pas aux seuls troubles de la mémoire. Il faut aussi lui imputer nos problèmes de concentration, notre irritabilité chronique avec nos enfants ou nos subalternes, nos difficultés à prendre des décisions et – plus grave encore – à trouver du plaisir dans les petites choses de la vie... et à sourire ! Ce ne sont pas des considérations théoriques. On estime que nous fonctionnons tellement à la limite de nos besoins que les accidents de la route augmentent de 10 % le fameux dimanche du passage à l'heure d'été, lorsque nous perdons collectivement une heure. Le manque de sommeil est d'ailleurs la deuxième cause des accidents de la route, après l'alcool.

Comment s'acquitter de notre dette de sommeil ? Il faut d'abord savoir qu'elle est cumulative : il ne suffit pas d'une seule bonne nuit pour rattraper une perte de une à deux heures par jour pendant un mois. Pas plus qu'il ne suffit de dormir une heure de plus le week-end... Pour ceux qui le peuvent, une sieste de vingt minutes l'après-midi est un bon moyen de rattrapage. L'idéal ? Faire ce que me recommandait inlassablement ma grand-mère : se coucher une heure plus tôt le soir !

Avril 2002

L'amour médecin

Les médecins ont raison de harceler leurs patients tant sur les méfaits du cholestérol et du tabac que sur les bienfaits de l'exercice. Ils ont raison de vous demander la date de vos derniers examens de dépistage. Mais il y a une question qu'ils ne posent jamais : « Avez-vous, dans votre vie, quelqu'un qui vous aime et vous le montre ? » Dans une étude[1], les hommes souffrant de maladie cardiaque et ayant répondu positivement à la question : « Votre femme vous montre-t-elle son amour ? » présentaient deux fois moins de symptômes que les autres. Et plus ces hommes accumulaient les facteurs de risque (cholestérol, hypertension, stress), plus l'amour de leur femme semblait exercer un effet protecteur.

Phénomène inverse : huit mille cinq cents hommes en bonne santé ont été suivis pendant cinq ans[2]. Ceux qui, au début de l'enquête, se sont reconnus dans la phrase : « Ma femme ne m'aime pas », ont développé trois fois plus d'ulcères que les autres. Dans cette étude, il valait mieux être fumeur, hypertendu ou stressé que ne pas être aimé par son épouse. Chez les femmes, le bénéfice du soutien émotionnel

---

1. J. H. Medalie and U. Goldbourt, *in American Journal of Medicine*, 1976, vol. 60.
2. J. H. Medalie, K. C. Stange et coll., *in American Journal of Epidemiology*, 1992, vol. 136.

est tout aussi important. Sur mille à qui l'on venait de diagnostiquer un cancer du sein[1], on a recensé deux fois plus de décès au bout de cinq ans parmi celles qui ont assuré recevoir peu d'affection dans leur vie. Comment l'expliquer ? L'amour agit par l'intermédiaire de notre cerveau le plus profond, le cerveau limbique, que nous partageons avec tous les mammifères. C'est lui qui contrôle à la fois nos émotions et notre physiologie : hormones, système de défense immunitaire, rythme cardiaque, acidité de l'estomac, etc. Ce « cerveau émotionnel » réagit constamment à notre situation affective et essaye de compenser nos carences. Ainsi, lorsque nous sommes en déficit affectif, c'est lui qui prépare notre organisme au stress : hormones libérées dans le sang, cœur sur le qui-vive, tension artérielle plus élevée... Autant d'ajustements qui affaiblissent nos fonctions vitales et finissent par favoriser le développement de maladies chroniques. Au contraire, lorsque notre cerveau émotionnel reçoit le signal que nous sommes aimés et protégés, il harmonise au mieux notre système physiologique... pour nous préparer à la reproduction.

Que l'on ne s'y méprenne pas : notre santé ne dépend pas uniquement de l'amour de notre partenaire, mais de la qualité de toutes nos relations affectives. Avec nos enfants, nos parents, nos frères et sœurs, nos amis. Car ce qui importe, c'est le sentiment de pouvoir être soi, complètement, avec quelqu'un d'autre. De pouvoir se montrer faible et vulnérable autant que fort et radieux. De pouvoir rire mais aussi pleurer. De se sentir compris dans ses émotions. De se savoir utile et important pour quelqu'un. Et d'avoir un minimum de contact physique chaleureux. D'être aimé, tout simplement.

Mai 2002

---

1. P. Reynolds, P. T. Boyd et coll., *in Cancer Epidemiology, Biomarkers & Prevention*, 1994, vol. 3.

Les bébés ont faim d'amour

Georges est psychiatre et il vient d'avoir un deuxième fils. Il a mal dormi la nuit dernière parce que son gamin se réveillait en pleurant. Georges me parle de sa théorie sur l'éducation des bébés, surtout la nuit : « Une fois que tu as vérifié qu'il n'a ni trop chaud ni trop froid, qu'il est au sec et qu'il a été nourri, un bébé n'a plus de besoin biologique légitime. Tu peux donc le laisser pleurer : ce n'est que de la manipulation ! » Cette attitude est très ancrée dans notre psychologie collective. La preuve : personne ne trouve d'argument solide à lui répondre. Pourtant, elle est complètement démentie par les expériences sur ce sujet.

Retour aux années 1950. Au moment où la psychologie comportementale affirmait que nous agissions tous en fonction des « récompenses » et des « punitions » que nous recevions, se déroulait une expérience majeure de la psychologie moderne sur des bébés singes. Elle allait prouver que ce raisonnement était trop simpliste. Dans ce qui devait devenir l'un des plus grands laboratoires de recherche sur les primates, le professeur américain Harry Harlow commença par étudier des bébés singes quelques semaines après leur naissance. Jusqu'alors, il avait toujours paru évident que si ces créatures passaient tant de temps dans les bras de leur mère, c'était pour s'assurer un accès libre au lait maternel.

La « récompense » que constituait la nourriture « renforçait le comportement d'approche » du bébé.

Harlow, lui, regarda les choses autrement : et s'il s'agissait d'un besoin biologique d'amour ? Pour approfondir sa théorie, Harlow inventa un appareillage ingénieux : une cage, chauffée et éclairée, dans laquelle il installa des petits singes mais aussi deux fausses mamans en grillage, dont la forme rappelait le corps d'une femelle. La première était dotée de mamelles en plastique reliées à une bouteille de lait maternel : il suffisait de les téter pour être nourri. La seconde n'offrait pas de nourriture, mais était recouverte d'une chaussette de laine cachant une résistance électrique, pour simuler le contact et la chaleur du corps de la mère. Les petits singes ne quittèrent presque pas les bras de la fausse « maman-chaussette », qui jouait le rôle de doudou, ne s'en séparant que pour aller se nourrir, et ce, le plus rapidement possible pour retrouver au plus vite l'« affection » du bout de laine[1].

Depuis, on ne compte plus les études montrant les conséquences graves de l'isolement des bébés – singes ou humains – à la naissance. Il est désormais clair que la stimulation affective est aussi indispensable que celle du langage pour le développement des différentes structures du cerveau du nourrisson[2]. Le besoin d'amour est donc bien un besoin biologique, au même titre que les autres, sinon plus.

Juin 2002

1. H. F. Harlow, « The Nature of Love », *in American Psychologist*, 1958, 13 : 673-685.
2. D. J. Siegel, « Toward an interpersonal neurobiology of the developing mind : attachment relationships, mindsight, and neural integration », *in Infant Mental Health Journal*, 2001, 22(1-2) : 67-94.

Mortelle colère

Paul est pressé. Il parle beaucoup et vite. Et fait toujours plusieurs choses à la fois. Il veut « optimiser » son temps. Ce qu'il abhorre le plus ? Faire la queue dans une file d'attente. Son énervement est palpable pour ceux qui l'entourent. Paul est un pur « type A », le type de personnalité que l'on associe à un risque plus élevé d'hypertension et d'infarctus. Aujourd'hui, pourtant, le sentiment de manquer de temps ne semble plus être le principal facteur de risque. Faire preuve d'hostilité, de cynisme et de méfiance – comportements souvent observés chez le type A – serait encore plus dangereux. Ainsi, c'est lorsque Paul grommelle des injures contre le « vieillard » qui met tant de temps à vider son Caddie à la caisse du supermarché qu'il pénalise son cœur et risque de fissurer les dépôts de graisse sur la paroi de ses artères. C'est lorsqu'il dit à sa femme : « Si ton frère appelle, c'est qu'il a encore besoin de quelque chose ! », qu'il atténue l'efficacité des cellules immunitaires chargées d'éliminer les tumeurs cancéreuses en formation.

Dans une revue analysant quarante-cinq études[1], les

---

1. Miller et coll., *Psychological Bulletin*, 1996, 119 : 322-348.

individus les plus agressifs présentaient un risque de mort prématurée supérieur de 42 % à celui de ceux qui se mettaient moins facilement en colère. Toutes les causes de mortalité étaient concernées, les maladies du cœur comme les cancers. Dans une autre étude[1], les étudiants en médecine les plus hostiles avaient cinq fois plus de chance d'avoir un infarctus dans les quarante ans à venir que ceux qui étaient plus non-chalants.

Si l'hostilité est un facteur de risque plus important que le cholestérol ou l'hypertension, les médecins n'aiment pourtant pas y penser. Et encore moins s'y attaquer. Un peu comme, il n'y a pas si longtemps, la nutrition et la cigarette. Les médecins hésitaient à confronter leurs patients à ces sujets « difficiles », ces aspects si « privés » et si chers à chacun que l'on préfère croire qu'ils ne mettent en danger que les autres. Comment, après tout, faire changer une personne chez qui l'hostilité et la méfiance sont au cœur de la personnalité ? Ce n'est pourtant pas impossible. D'après mon expérience, l'une des approches les plus efficaces est la thérapie de groupe. En mettant chaque individu au contact de la douleur des autres, mais aussi de leur vérité, de leur peur, de leur fragilité et, au final, de leur noblesse, elle est une remarquable éducation humaniste. C'est l'un des rares endroits où les masques tombent. Et, lorsque l'autre est sans masque, il devient presque impossible de le haïr, ni même de le mépriser. Une étude américaine[2] a montré qu'une courte thérapie de groupe visant spécifiquement les comportements de type A réduisait de 50 % le risque de mort dans les cinq années suivant un infarctus. Aucun médicament ne peut se targuer de la même efficacité. Alors, si

---

1. Chang et coll., *Archives Internal Medicine*, 2002.
2. Friedman et coll., « Alteration of type A behavior and its effect on cardiac recurrences in post myocardial infarction patients », *in American Heart Journal*, 1986.

dans les embouteillages ou en faisant la queue à la poste, vous sentez monter trop souvent la colère, pourquoi ne pas travailler sur elle avant qu'elle fasse son mortel travail sur vous ?

Juillet 2002

Laisser vibrer les compliments

J'aime les compliments. En recevoir comme en donner. La vie est trop courte pour ne pas profiter de chaque occasion de se faire plaisir les uns les autres. Pourtant, nous sommes si maladroits, surtout lorsqu'il s'agit d'en recevoir. Si je lui dis que j'aime sa robe, Marie me répond avec une fausse humilité : « C'est juste une petite robe Monoprix... » et elle m'éloigne d'elle. Prétentieuse – ou peut-être est-elle gênée et ne sait pas quoi répondre –, Anne me dit : « Oui, c'est une Sonia Rykiel. » Sur elle aussi, mes mots ont glissé. Isabelle, enfin, reste intouchable derrière son ironie : « Toi aussi tu aimerais bien porter des petites robes comme ça, hein ! »

Heureusement, il est des êtres qui savent recevoir, et qui m'ont appris à recevoir aussi. Un compliment, cela devrait toujours être une petite fête que nous célébrons ensemble. Mais pour célébrer, il faut révéler quelque chose de soi, c'est-à-dire se rendre vulnérable. Comme je me sens proche d'une personne qui me parle d'elle ! Si je la complimente pour son jardin, elle me répond : « Je suis contente parce que je me suis donné du mal et je l'aime beaucoup. Ça me fait plaisir que tu y sois sensible aussi. »

Quand je parle de ce qui me fait plaisir, et que l'autre me confie ce qu'il ressent, nos cerveaux émotionnels se touchent. Toutes les études sur la communication le suggèrent : pour

79

qu'il y ait une vraie satisfaction dans l'échange, il faut que les émotions passent[1]. Tant que nous sommes dans l'émotion, nous sommes dans le vrai. Telle une caisse de résonance l'un pour l'autre, nous avons permis à une émotion de flotter un instant entre nous. Comme une phrase de musique peut flotter avec bonheur entre deux guitares qui se répondent. J'ai tant de fois entendu les regrets de ceux qui n'ont pas su jouer de cette musique. Ils me disent : « Mon père est mort et je ne lui ai jamais dit combien il avait été important pour moi », ou : « Mon mari ne me dit jamais qu'il apprécie ce que je fais pour lui. » On apprend vite à taire ses compliments quand ils sont mal reçus.

J'ai eu la chance d'avoir un grand maître, même s'il ne m'a donné cette leçon qu'une seule fois : ma grand-mère. Stoïque, elle parlait peu d'elle-même. Mais elle a été une présence constante dans tous les passages de l'enfance qui m'ont paru difficiles. Alors que je n'étais encore qu'un jeune adulte, je lui rendis visite sur ce que nous savions tous les deux être son lit de mort. Inspiré par sa beauté et son calme dans sa belle chemise de nuit blanche, je lui tenais les mains en lui disant combien elle avait compté pour l'enfant qui avait maintenant grandi. Bien sûr, je pleurais, ne sachant que faire de mes larmes. Elle prit une de ces larmes sur son doigt et me la montra en souriant doucement : « Tu sais, pour moi, tes mots et tes larmes, ce sont des perles d'or... » Ce fut notre dernière célébration.

Septembre 2002

1. E. Kerem, N. Fishman et coll. *in Journal of Social & Personal Relationships*, 2001, 18(5) : 709-729.

Mieux vaut courir...

Xaviéra, étudiante de 28 ans, préparait sa deuxième maîtrise. Elle vivait seule, sortait rarement, se plaignait de ne pas trouver un homme qui lui convienne. Son existence lui paraissait vide, elle avait perdu l'espoir que cela change. Son seul plaisir : trois paquets de cigarettes par jour... Déprimée depuis deux ans, aucun traitement ne lui semblait acceptable, ni psy ni médicaments. Par défi, elle accepta pourtant de participer à une étude sur le jogging proposée par son médecin : elle devrait courir vingt à trente minutes, seule ou en groupe, trois fois par semaine.

Lors de sa première rencontre avec l'instructeur de jogging, Xaviéra s'interrogea : comment pouvait-il raisonnablement penser que, elle, qui fumait trois paquets par jour, n'avait pratiqué aucun sport depuis l'âge de 14 ans et avait dix bons kilos de trop, puisse être un bon sujet d'étude ?! Elle écouta tout de même ses conseils : d'abord faire de tout petits pas – trottiner plus que courir – en se penchant à peine en avant et sans trop lever les genoux. Surtout ne pas pousser l'allure : « Il faut pouvoir parler ou chanter, mais pas siffler », précisa l'instructeur. Au moindre essoufflement, ralentir, quitte à reprendre la marche, mais un peu plus vite que d'ordinaire. Ne jamais éprouver ni douleur ni fatigue.

Notre corps aime la vérité

Le but pour ces premières séances : parcourir un kilomètre et demi, sans temps imposé, en trottinant le plus possible. Réussir à remplir cet objectif dès le premier jour apporta à Xaviéra un peu de satisfaction. En vingt et un jours, à raison de trois séances de jogging par semaine, elle parvint à garder son rythme de trot sur deux kilomètres, puis trois, sans difficulté. Au bout de six semaines, elle fut forcée de constater qu'elle se sentait nettement mieux. Elle dormait bien, avait plus d'énergie et passait moins de temps à s'apitoyer sur son sort. Évidemment, elle fumait moins.

Des chercheurs de l'université de Duke[1], aux États-Unis, ont récemment comparé le traitement de la dépression par le jogging à l'effet obtenu par le Zoloft, un antidépresseur. Après quatre mois de traitement, les patients soignés par l'une et l'autre méthode se portaient exactement aussi bien. Le médicament n'offrait aucun avantage par rapport au jogging. Au bout d'un an, en revanche, on notait une différence importante : plus d'un tiers des patients sous Zoloft étaient retombés en dépression, tandis que 92 % des joggeurs se sentaient parfaitement bien ! Une autre étude[2] a montré qu'il n'était pas nécessaire d'être jeune et en bonne santé pour profiter de l'exercice physique. Pour des patients déprimés, âgés de 50 à 80 ans, faire simplement trente minutes de « marche rapide », sans courir donc, et ce trois fois par semaine, a, au bout de quatre mois, un effet exactement identique à celui d'un antidépresseur...

Octobre 2002

---

1. M. Babyak, J. Blumenthal et coll. *in Psychosomatic Medicine*, 2000, 62(5) : 633-638.

2. J. Blumenthal, M. Babyak et coll. *in Archives of Internal Medicine*, 1999, 159 : 2349-2356.

Quand l'espoir guérit

Dix ans après qu'on lui eut diagnostiqué le sida, Paul vivait toujours. C'était bien avant la trithérapie, et tout le monde lui demandait ce qu'il faisait pour résister ainsi à la maladie. Il répondait qu'il prenait des suppléments naturels, surveillait son alimentation et faisait du sport régulièrement. Un jour, au cours d'une conférence de presse, un professeur de médecine lui annonça : « Je suis désolé de vous dire ça, mais j'ai eu beaucoup de patients qui faisaient la même chose que vous, et ils sont morts quand même. Je pense que, malheureusement, d'ici à un an au plus, votre maladie aura pris le dessus. » Effectivement, Paul est mort dans l'année... terrassé par cette terrible condamnation. Certains prêtres vaudous peuvent faire mourir en vingt-quatre heures ceux à qui ils jettent un « mauvais sort ». Les grands prêtres de la médecine moderne sont moins rapides mais tout aussi redoutables !

Une expérience : on greffe une tumeur cancéreuse à deux rats à qui l'on envoie ensuite des chocs électriques. L'un a la possibilité d'éviter les décharges en appuyant sur un levier, l'autre non. Chez le premier rat, le système immunitaire se met en place pour contre-attaquer et éliminer les cellules cancéreuses. Chez le second, rapidement découragé, les cellules immunitaires sont paralysées et son cancer se dissémine en quelques semaines[1].

_____

1. *Science*, 1982, 216 : p. 437-439, et *Science*, 1983, 221 : p. 568-570.

Est-ce ainsi que Paul est mort ? Lorsqu'il a eu l'impression qu'il ne pouvait plus rien faire d'utile pour échapper aux « chocs » que lui assénait sa maladie ? Le cancer se développe plus vite et de manière plus agressive chez les patients qui contrôlent mal le stress inévitable de l'existence (ce serait d'ailleurs une des raisons pour lesquelles les groupes de parole prolongent la survie). Or quel plus grand stress que de s'entendre dire qu'il n'y a pas d'espoir de guérison ? Récemment, le Pr Cole, à San Francisco, a démontré que, parmi les patients atteints du sida, ceux qui ont du mal à contrôler leur stress voient le virus se propager dans le sang malgré la trithérapie. En revanche, ceux qui restent plus calmes face aux difficultés de la vie profitent beaucoup mieux de ce nouveau traitement – leur sang est quatre fois moins contaminé par le virus[1].

Mais qui le leur dira ? Presque chaque semaine, j'entends des patients me raconter comment ils ont été condamnés sans appel par leur cancérologue. Ces sentences sont assénées avec la plus grande assurance, comme si les statistiques avaient valeur de loi. À l'inverse, les études comme celle de Cole ne sont presque jamais mentionnées. Les patients en ont pourtant bien besoin ! Pour avoir moi-même déjà fait cette erreur, je crois que les médecins ont plus peur de donner de faux espoirs que de parler de ce qui peut arriver de pire. Pour se défendre contre ce vaudou à l'occidentale, les patients se doivent désormais d'en savoir plus que leur médecin sur ce qu'ils peuvent faire pour s'aider eux-mêmes. En commençant par avoir davantage d'espoir en leur corps que la médecine veut bien leur en donner...

Novembre 2002

---

1. *Proceedings of the National Academy of Sciences*, 2001, 98 (22) : p. 12695-12700.

La gentillesse a toujours du bon

Lorsque j'enseigne la psychothérapie EMDR[1] à mes collègues psychiatres et psychologues, je prends toujours soin de souligner que le thérapeute doit se montrer techniquement parfait mais aussi attentif aux besoins du patient. Lui tendre la boîte de mouchoirs en papier quand ses larmes commencent à perler, avant même qu'il la cherche du regard. Lui parler doucement et le rassurer quand de vieilles douleurs enfouies se manifestent soudain et lui enserrent la gorge. S'assurer, après une séance pleine d'émotions, qu'il est en état de conduire et, si ce n'est pas le cas, le garder un peu plus longtemps. Je conclus en disant qu'il faut simplement être « gentil », car plus on fait preuve de gentillesse avec son patient, plus il progresse. Aucun risque, en plus, d'effets indésirables : personne ne s'est jamais plaint que l'on se montre attentionné envers lui ! Pourtant, la gentillesse n'a pas bonne cote en psychothérapie. Chaque fois que j'émets cette recommandation, je m'entends répondre que je me trompe de mot. « "Bienveillant" est suffisant, me dit-on. "Gentil", ça fait niais ! » Pourtant, c'est bien de gentillesse dont il s'agit. Car la gentillesse est en elle-même un outil de thérapie. Un outil puissant, y compris – surtout ? – en dehors de la thérapie.

---

1. *Cf.* note 1, p. 48.

À la fin d'une thérapie de groupe à la californienne, le dernier exercice du manuel m'avait d'abord paru un peu ridicule. Il fallait scotcher une feuille blanche dans le dos des huit participants et des deux cothérapeutes, dont j'étais, et que chacun écrive ce qu'il pensait être la plus grande qualité de l'autre. Après douze semaines, je savais que chacun ne pensait pas du bien de tout le monde. Pourtant, l'exercice remporta un énorme succès. C'est frappant comme on arrive à trouver quelque chose de positif à un individu, même si on ne souhaite pas s'en faire un ami ! Plus surprenant encore est l'effet produit quand on le lui dit. Tous les participants se sont quittés la gorge serrée, pleins de reconnaissance. La gentillesse avait fait son travail. C'était une formidable façon de conclure le nôtre.

Dans un livre étonnant sur le sens de la vie[1], le psychiatre australien Roger Walsh raconte une histoire similaire qui s'est déroulée dans les années 1960. Dans une classe particulièrement difficile, une institutrice a utilisé le procédé de la feuille blanche dans le dos pour tenter de changer les rapports entre les enfants. Chacun est reparti de l'école avec sa feuille, sur laquelle les compliments avaient été réécrits par la maîtresse, afin qu'ils demeurent anonymes. Niais ? Ridicule ? Peut-être. Des années plus tard, cette enseignante assistait à l'enterrement de l'un de ses élèves, mort pendant la guerre du Vietnam. La mère du garçon s'est approchée d'elle : « Vous vous souvenez de la lettre que vous aviez donnée à Mark ? Il l'avait accrochée au-dessus de son lit en rentrant ce soir-là. Eh bien, elle était dans la poche intérieure de son uniforme lorsqu'il est mort. Je voulais vous dire merci pour ce que vous avez fait pour lui... »

Pourquoi n'avons-nous pas tous sur nous une telle lettre ?

Décembre 2002

---

1. *Les Chemins de l'éveil*, Éd. du jour, 2001.

Arrêter de fumer sans déprimer

Plus d'un fumeur sur trois souhaite arrêter. Beaucoup réussissent, mais ce n'est pas facile. Les additifs mélangés à la nicotine sont conçus pour rendre le consommateur extrêmement dépendant, plus encore qu'à la cocaïne. C'est ce qu'ont dû admettre les fabricants de tabac aux États-Unis lors du procès retentissant qu'ils ont perdu il y a trois ans. Mais ce n'est pas la seule raison qui explique la difficulté du sevrage. Les psychanalystes ont décrit depuis longtemps le sentiment de « satisfaction orale » que procure la cigarette. Aujourd'hui, on parle plutôt de « besoin d'autoapaisement ». Effectivement, nous avons tous besoin de calmer nos tensions au fil de la journée. Bébé, nous avions droit au sein (si nous avions de la chance) ou à la tétine (si nous en avions moins). Enfant, c'était le chocolat et les bonbons ; adolescent, l'alcool et la cigarette, préconisés par toute une industrie.

Plus nous souffrons dans notre vie, plus nous ressentons fréquemment ces tensions, cet inconfort qui nous fait rechercher un plaisir physique pour nous rassurer. Nous consoler. Alors, nous mangeons ce dont nous n'avons pas besoin, nous buvons pour que notre cerveau déraille et oublie ce que nous ressentons ; et nous fumons ! Près d'un tiers des fumeurs souffrent de symptômes de dépression[1]. Plus ils sont

---

1. *American Journal of Public Health*, 2000, 90 : 1122-1127.

instruits (bac + 2 ou plus), plus cette association est évidente. Comme si la cigarette était leur façon à eux de s'autoprescrire un médicament. Pourtant, même si l'inhalation procure quelques minutes de plaisir immédiat, c'est un très mauvais antidépresseur. Il semble même que la cigarette soit la cause de sérieux troubles anxieux : les fumeurs ont ainsi trois à quatre fois plus de risques de subir des attaques d'anxiété[1]. Une anxiété qui diminue une semaine après l'arrêt du tabac.

La leçon est simple : ceux qui désirent arrêter de fumer doivent d'abord traiter leur « dépression » et apprendre à s'autoapaiser autrement qu'à l'aide d'une cigarette. Bien sûr, il faut choisir une méthode de sevrage efficace[2] (les meilleures, selon les études, sont la thérapie cognitivo-comportementale combinée avec le Zyban, le patch de nicotine, ou, pour certains, l'acupuncture). Mais aussi s'accorder des petites attentions tout au long de la journée dès que l'on ressent le besoin de fumer : respirer deux fois lentement et profondément, manger un fruit, boire un verre d'eau, sortir, arroser une plante, écouter de la musique, téléphoner à un ami. On peut aussi s'offrir quelque chose dont on a envie pour se récompenser. Ou tout simplement se faire plaisir à l'idée que personne ne se dira : « Ah, celui-là, il fume ! C'est qu'il ne doit pas aller bien. »

Janvier 2003

---

1. *Archives of General Psychiatry*, 1999, 56 : 1141-114.
2. Un site Web suisse permet aux fumeurs en cours de sevrage de se faire accompagner pas à pas et donne des conseils utiles à chaque étape (en français, anglais, allemand, italien et danois) : www.stop-tabac.ch/

Nos cellules aiment la vérité

Sophie est malheureuse avec son mari, mais elle préfère ne pas en parler avec lui ; mieux vaut faire comme si tout allait bien. Jacques sait que les déchets de l'usine dont il a la charge sont toxiques pour l'environnement ; il fait tout pour éviter que cela se sache, même si cela le met mal à l'aise. Michelle, depuis trente ans, cache à tout le monde que son père est algérien ; elle pense que, dans son milieu, ce serait mal vu. Denise est médecin et consultante pour les médias ; elle a un cancer depuis deux ans et ne veut pas qu'on l'apprenne ; elle a suivi son traitement en secret.

L'un des stress les plus intenses pour un primate de laboratoire est d'être changé de cage et de se trouver placé dans un nouveau groupe au sein duquel il lui faut à nouveau assurer sa position sociale, à partir de rien. L'homme est un singe nu qui tient, lui aussi, à sa place dans la tribu. Et il n'aime pas la risquer. Même lorsque nous souffrons parce que notre rôle social n'est pas – ou n'est plus – en phase avec nos valeurs et nos aspirations, il est terriblement difficile de se libérer, difficile de cesser de se conformer à ce que nous croyons que l'on attend de nous.

Pourtant, Aristote déjà parlait du processus d'« auto-accomplissement » de l'homme. Pour lui, chaque être vivant est comme une graine qui doit devenir une plante unique.

Chaque être humain doit donc aller au bout de son processus d'accomplissement et devenir tout ce que son potentiel lui permet. Quelque deux mille cinq cents ans plus tard, Abraham Maslow, le grand psychologue humaniste à l'origine du mouvement du développement personnel dans les années 1960, s'est livré à une étude sur les gens plus heureux que les autres. Il concluait, comme Aristote, qu'ils s'étaient mieux « actualisés », c'est-à-dire qu'ils étaient allés plus loin dans la réalisation de leur « moi ». Ils s'étaient d'abord acceptés tels qu'ils étaient et, ensuite seulement, en avaient fait un don tourné vers les autres[1].

Récemment, le Pr Cole de l'université de San Francisco a démontré que notre corps lui-même a besoin que nous acceptions ce que nous sommes. Il a suivi plus de deux cents hommes homosexuels pendant cinq ans. À la fin de l'étude, ceux qui avaient fait le choix de cacher leur homosexualité avaient développé trois fois plus de cancer ou d'infection sérieuse. Plusieurs auteurs concluent que, pour fonctionner au mieux, notre système immunitaire a besoin de sentir que nous vivons en intégrité avec nous-même, que nous sommes « authentique », même au risque de déplaire au groupe dans lequel nous vivons[2].

Nous existons tous avec nos masques, des petits et des plus grands. Mais le courage d'être soi semble faire partie du processus de la vie elle-même, jusque dans nos cellules. À chacun de relever ce défi que nous lance la biologie.

Février 2003

---

1. A. Maslow, *The Further Reaches of Human Nature*, New York, Viking, 1971.
2. S. W. Cole, M. E. Kemeny et coll., *Health Psychology*, 1996, 15(4) : 243-251.

En finir avec la douleur

Anne était en train d'accoucher et la douleur était insup-portable. L'anesthésiste l'a regardée, excédé : « Mais enfin, madame, vous avez une péridurale en place ; vous ne pouvez pas avoir mal ! » Pour ce médecin, ce que disait Anne était moins important que ce qu'il pouvait mesurer objectivement. On se demande ce qu'il penserait de ce raisonnement si c'était lui qui était sur la table de travail... Je me souviens d'avoir été appelé au chevet d'un malade qui avait un cancer terminal très avancé. Il lui restait quelques mois à vivre. On me demandait de le voir parce qu'il avait dit vouloir sauter par la fenêtre pour en finir plus vite. Automatiquement, on l'avait qualifié de « déprimé ». Quand je suis arrivé dans sa chambre, la première chose qu'il m'a dite était qu'il ne dormait plus parce qu'il souffrait toute la nuit. Les doses de morphine qu'il recevait depuis plusieurs semaines ne suffi-saient plus à contrôler la douleur. Il avait tellement peur que celle-ci empire qu'il ne voyait d'autre solution que le suicide. À ma grande surprise, j'ai eu du mal à convaincre les internes du service d'augmenter la dose de morphine. « Mais, mon-sieur, me dirent-ils un peu effrayés, avec de telles doses, il risque de mourir ! » Valait-il donc mieux prolonger sa souffrance pour le garder en vie quelques semaines de plus, quitte à ce qu'il choisisse de se suicider ? Une fois l'alter-native présentée au patient et à sa famille, personne n'a hésité. Il a choisi de vivre ses dernières semaines, mais aussi sa mort, dans l'apaisement. Plus jamais alors, il n'a été question de suicide.

Aujourd'hui, la moitié des gens qui décèdent à l'hôpital (la grande majorité d'entre nous) meurent dans une douleur « modérée à sévère », a constaté une grande étude américaine[1]. Comment est-ce possible, alors que nous possédons les moyens thérapeutiques pour calmer cette douleur ? Tout simplement parce que les médecins sont encore souvent mal à l'aise avec les médicaments antalgiques. Ils ont peur de faire du patient un toxicomane – ce qui arrive dans moins de 1 % des cas – et redoutent aussi parfois de précipiter la mort chez un patient déjà mourant. Enfin, ils croient beaucoup plus aux signes « objectifs » (la température, etc.) qu'à des symptômes subjectifs comme la douleur.

La solution ? Faire confiance aux patients et se laisser guider par eux. À l'hôpital, ils doivent avoir accès aux doses d'antalgiques qui leur semblent nécessaires. Les études montrent que lorsque les patients ont le contrôle de leurs médicaments antidouleur, ils n'en utilisent pas plus que lorsqu'ils doivent les demander à leur médecin. Et ils sont nettement plus satisfaits[2] ! C'est vrai, il existe un risque – très faible – de faire découvrir les plaisirs artificiels de la drogue à des patients qui pourraient en avoir à nouveau envie une fois leur traitement terminé. Mais pour ma part, j'ai toujours préféré prendre ce risque-là plutôt que celui – insoutenable – de laisser souffrir quelqu'un qui me fait confiance pour que je le soigne.

Mars 2003

---

1. AMA-Council on Scientific Affairs, « Good care of the dying patient », *in JAMA*, 1996, 275 : 474-478.
2. J. Ballantyne et coll., « Postoperative patient-controlled analgesia », *in Journal of Clinical Anesthesia*, 1993.

L'attention, de l'énergie pure !

Benoît parle à sa sœur au téléphone depuis cinq minutes. Puis la conversation marque une courte pause. Comme il est devant son ordinateur, il ne peut s'empêcher d'en profiter pour consulter ses e-mails. Lorsqu'il a raccroché, il ressent une vague insatisfaction : il s'aperçoit qu'il n'a pas vraiment écouté sa sœur, ni vraiment lu ses messages... Que s'est-il passé ?

À Chicago, le Pr Mihaly Csikszentmihalyi[1], psychologue qui a décrit l'état de performance optimale dit de « flux » (*flow* en anglais), a fait une étude remarquable. Pendant plusieurs années, il a interrompu au hasard la journée de centaines de personnes qui vaquaient à leurs activités habituelles. Il leur demandait alors ce qu'elles étaient en train de faire, ce à quoi elles pensaient et comment elles se sentaient. La découverte majeure ? Lorsque notre attention n'est pas occupée par une activité extérieure, nous avons presque tous spontanément des idées noires ! Du coup, nous cherchons à avoir toujours l'esprit « occupé ». Et nous lisons nos e-mails en parlant au téléphone, nous regardons la télé en dînant, nous écoutons la radio en donnant un bain aux enfants, etc.

Mais l'autre découverte de cette recherche, c'est que nous ne tirons de plaisir, de vrai plaisir, que lorsque notre

---

1. *Flow : The Psychology of Optimal Experience*, New York, Harper & Row, 1990.

attention est complètement investie dans une seule chose :
une conversation, la confection d'un bon repas, un film qui
nous fascine. Uniquement, donc, lorsque nous ne divisons
pas notre attention entre plusieurs tâches. Notre attention,
c'est de l'énergie pure. Elle transforme ce qu'elle touche. Les
animaux et les enfants le savent souvent mieux que nous.
Plus encore que de la nourriture, de la chaleur, ou de l'argent,
c'est de l'attention qu'ils cherchent lorsqu'ils viennent vers
nous. Et ils s'y prélassent comme dans un rayon de soleil.
Pareil pour l'amour passion des adultes : rien n'est plus fort
que de se regarder interminablement dans les yeux...

La meilleure preuve que notre attention vaut très cher,
c'est l'argent que dépensent les publicitaires ou les chaînes
de télévision pour l'attirer vers eux : « Regardez-moi !
Regardez-moi ! » semblent-ils tous crier... Pourtant, nous ne
sommes jamais assez conscients de cette richesse que nous
possédons. Par notre seule attention, nous pouvons transformer chaque instant, chaque relation, comme l'alchimie
transformerait le plomb en or. Les plus grands thérapeutes
– ceux qui réalisaient les plus grandes transformations –
avaient tous une extraordinaire capacité d'attention pour
l'autre. Ils savaient se concentrer entièrement sur ce que
disait la personne qu'ils écoutaient et exclure toute autre
pensée. C'était le cas de Sigmund Freud, de Carl R. Rogers,
de Milton H. Erickson, de Françoise Dolto. On entendait
souvent dire d'eux : « Son regard était tellement intense que
c'était comme si ses yeux voyaient à travers moi. »

Même sans avoir leur talent, nous pouvons choisir, nous
aussi, d'investir cette précieuse ressource entièrement dans
le présent, dans une seule chose, dans une seule personne à
la fois. En commençant, par exemple, par ne plus lire nos
e-mails pendant que nous parlons au téléphone...

Mai 2003

Se dire au revoir

Séparé de sa mère, le bébé singe se blottit dans un coin de sa cage. Il semble implorer les chercheurs qui l'observent et dont les cœurs se serrent devant cette image de tristesse. Comme lui, nous, les mammifères sociaux, sommes extraordinairement sensibles à la séparation d'avec ceux que nous aimons. Celle-ci peut même être plus douloureuse que la douleur physique.

Pourtant, les séparations sont inévitables. Les grandes, comme la mort ou le divorce, ou les moins grandes, comme quitter un travail, des amis, ses enfants pour les vacances. Hélas, on nous a peu appris à dire au revoir. Face à leur maladresse toute naturelle, certains se drapent dans une fausse pudeur : « Je n'aime pas les adieux, je ne viendrai donc pas à la gare. » D'autres se parent de brusquerie qu'ils veulent bonhomme : « Bon, on ne va pas faire de sensiblerie, alors au revoir, hein ? »

D'autres encore – au fond, les plus courageux – fondent en larmes sans trop savoir qu'en faire. Dans *Le Petit Prince*, le renard trouve un nouveau sens à la couleur des champs de blé lorsqu'il se rend compte de leur ressemblance avec les boucles blondes de l'enfant devenu son ami. Saint-Exupéry raconte ensuite leur séparation :

95

« Ainsi le petit prince apprivoisa le renard. Et quand l'heure du départ fut proche :

— Ah ! dit le renard... Je pleurerai.

— C'est ta faute, dit le petit prince, je ne te souhaitais point de mal, mais tu as voulu que je t'apprivoise...

— Bien sûr, dit le renard.

— Mais tu vas pleurer ! dit le petit prince.

— Bien sûr, dit le renard.

— Alors tu n'y gagnes rien !

— J'y gagne, dit le renard, à cause de la couleur du blé. »

En effet, ce qui serait le plus triste quand on quitte un être qui nous est cher serait justement de ne pas être triste ! Cela voudrait dire que l'on n'a rien vécu d'important ensemble. C'est pourquoi, comme le montre le renard, il y a une formidable manière de dire au revoir. Il suffit de parler de sa tristesse et de ce que l'on garde avec soi de l'autre. Une façon simple de s'assurer que le lien est plus fort que l'espace et le temps.

Lorsqu'elle dit au revoir à son petit garçon avant de le confier à son père pour un mois, Tamara lui rappelle que leur amour continuera à les animer intérieurement :

« Tu sais, nous serons un peu tristes de ne pas être ensemble. Alors quand je te manquerai, tu n'auras qu'à penser à ce que je dirais si j'étais là pour te consoler.

— Tu dirais "je t'aime".

— Oui ! Tu vois, je serai avec toi tout le temps dans ta tête, et tu le seras dans la mienne. »

À sa façon, Tamara a redécouvert une technique de Milton Erickson, l'inventeur de l'hypnose moderne. À un patient un peu inquiet à l'idée de reprendre seul l'aventure de sa vie, Erickson rappelait : « Souvenez-vous, ma voix vous accompagnera toujours... »

Juin 2003

La confiance, ça s'apprend

Jacqueline tient son fils de 2 ans dans les bras à la terrasse d'un café. Un vendeur de rue qu'ils n'ont pas vu arriver leur propose soudainement des fleurs de jasmin. Le petit garçon est surpris. Il se tourne vers le visage de sa mère. Inquiète, Jacqueline recule sa chaise. Le garçon se met aussitôt à pleurer.

Au zoo, Paula et sa fille regardent les macaques, le nez presque collé contre la grande cage. Tout à coup, l'un d'eux saute d'une branche et vient frapper le grillage juste au-dessus d'elles. La fille regarde sa mère avec inquiétude. Paula éclate de rire. La petite fille aussi.

Nous sommes tous encombrés de peurs. La peur des araignées, des ascenseurs, de l'avion, des tunnels, du vide, des ponts, etc. Mais d'où viennent-elles ? Sont-elles la simple manifestation dans la vie moderne de nos archaïsmes génétiques qui nous ont programmés pour éviter les insectes dangereux, les espaces clos, les précipices ?

Tous les singes élevés dans la nature ont peur des serpents. Sans doute une adaptation utile pour leur survie. Mais les singes élevés en laboratoire, eux, ne réagissent absolument pas en présence d'un serpent vivant, qu'il soit dangereux ou non... Ce n'est donc pas une programmation

97

génétique. À l'université du Wisconsin, aux États-Unis, Michael Cook, un chercheur, a fait une démonstration remarquable[1]. Les singes qui n'ont jamais eu peur d'un serpent de leur vie apprennent très facilement à en être terrifiés : il leur suffit de voir un autre singe en avoir peur. Et un seul essai suffit.

Comme les singes, nous avons tous appris de nos parents, de nos frères et sœurs, de nos amis, ce dont il fallait avoir peur, même si nous n'avons jamais été en danger nous-mêmes.

Heureusement, à l'inverse, nous pouvons aussi apprendre la confiance. Très tôt pendant sa première grossesse, Sandrine avait commencé à suivre les cours Lamaze d'accouchement sans douleur qu'une amie lui avait recommandés. Elle espérait calmer un peu son inquiétude face au passage d'une tête de la taille d'un melon à travers son vagin... Mais jamais elle n'avait imaginé ce qu'elle allait découvrir en elle-même. Une femme était venue parler au groupe, après avoir accouché de trois enfants sans aucune anesthésie, ni pilule antidouleur.

Sandrine, fascinée par cette femme, avait résolu de tenter la même expérience. Dans les mois qui lui restaient, elle s'était entourée de plusieurs autres femmes qui avaient fait la même expérience et s'était préparée comme on prépare un marathon. Le jour venu, l'une d'elles l'accompagnait. Quand les contractions semblaient envahir toutes les fibres de son corps, elle lui demandait de les imaginer comme des vagues qui passaient à travers elle et poussaient un petit esquif jusqu'au rivage, avec son précieux passager. Sandrine s'accrochait à cette voix, à ce calme. Ils faisaient grandir en elle la confiance dont elle avait besoin pour maîtriser la peur.

---

1. M. Cook et S. Mineka, « Observational conditioning of fear to fear-relevant versus fear-irrelevant stimuli in rhesus monkeys », *in Journal of Abnormal Psychology*, 1989, 98(4) : 448-459.

L'accouchement s'est formidablement bien passé. Et Sandrine a appris qu'il y avait une force en elle dont elle n'avait jusqu'à ce jour jamais deviné l'existence. La confiance en nous, elle aussi, peut nous venir en cadeau.

Nos peurs, nos forces, définissent en partie qui nous sommes. Elles ne nous sont pas données à la naissance. Nous les apprenons dans une large mesure de ceux qui nous entourent. Plus tard, nous les transmettrons à notre tour à ceux qui nous regardent pour mieux comprendre le monde dans lequel ils apprennent à manœuvrer. Nous sommes le fruit des multiples interactions que nous subissons dans le réseau dont nous faisons partie et que nous contribuons, nous aussi, à influencer. Il revient à chacun de nous d'y créer le moins de peur et le plus de confiance possible.

Juillet 2003

L'amour, une question d'odeur

Michael est un psychothérapeute en vue à New York. Il a 45 ans et vient de divorcer. Comme il est thérapeute et qu'il sait l'importance des pensées positives, il dit : « Je suis entre deux relations affectives. » Rationnel mais, au fond, romantique, Michael veut de nouveau tomber amoureux. Je lui demande comment ce qu'il a appris des hommes et des femmes – et de leurs tumultueuses relations – peut l'aider dans son choix. Pourquoi tombons-nous amoureux ? « C'est simple, répond Michael, il y a trois critères pour savoir si une personne qui nous intéresse de loin peut devenir la personne que l'on va aimer. Certes, ce n'est pas infaillible et cela ne garantit pas que l'on vieillira ensemble, mais ces signes indiquent que l'on peut sans doute faire un chemin de vie ensemble qui sera marqué à la fois par la passion et la douceur... » J'ignorais que l'on pouvait être aussi sûr de quoi que ce soit dans ce domaine, mais je respecte Michael pour son talent de thérapeute et ses réflexions sur la nature humaine.

« D'abord, poursuit-il, il ne faut pas se raconter d'histoires sur l'attirance que l'on ressent pour l'autre. Le trouve-t-on vraiment attirant ? A-t-on envie de le regarder, de le toucher, d'être à ses côtés ? Ou bien a-t-il un défaut qui nous saute aux yeux constamment et nous gêne ? Un sourire qui nous paraît faux, des gestes brusques... Ou même sa manière de manger. L'attirance n'est pas l'amour, certes, mais c'est un solide début pour donner sa chance à l'histoire. Ensuite, il faut pousser plus loin l'exigence. Aime-t-on le contact de sa peau, le goût de son corps, et, surtout, son odeur ? C'est essentiel, parce qu'elle ne changera pas ! On peut se mentir sur sa réaction physique à l'odeur d'un partenaire, mais, en amour, ça nous rattrape toujours. »

Je me souviens effectivement d'une étude qui montrait que, chez certaines mites qui forment un couple durant presque toute leur vie, l'odorat est si puissant qu'elles peuvent repérer la présence de leur partenaire à une distance équivalant à celle entre Paris et Avignon... S'il nous reste ne serait-ce qu'un vestige de cet appareillage olfactif dans nos cerveaux d'*Homo sapiens*, je veux bien croire qu'il ne faille pas prendre l'odeur de l'autre à la légère !

« Et puis, bien sûr, il y a l'échange, termine Michael. C'est l'échange émotionnel qui compte. Nous, les primates, notre nourriture affective, c'est le contact intime avec l'autre. Chez les singes, pour manifester son intérêt et partager l'intimité, on se cherche mutuellement les poux. Chez les humains, ce même élan se manifeste différemment, mais c'est tout aussi important. Lorsque l'on rencontre un partenaire possible, il faut faire attention à deux choses : vous pose-t-il des questions sur vous ? Et quand vous lui répondez, écoute-t-il vraiment vos réponses ? Au fond, prend-il, prend-elle plaisir à vous comprendre ? »

J'aimerais penser que c'est surtout cette dernière clé qui ouvre sur l'amour, mais je crois que Michael a probablement raison et qu'il ne faut sans doute pas négliger les réflexes plus profonds de notre cerveau animal...

Juillet 2003

Restez souple face au stress

Caroline est attachée de presse dans une grande maison d'édition. Il lui semble que son oreille ne décolle pas du téléphone ; les auteurs se plaignent qu'elle ne s'occupe pas suffisamment d'eux ; les journalistes sont furieux de ne pas avoir été invités à une réception ; la jeune stagiaire est partie sans avoir fait les photocopies d'un dossier de presse urgent... Son Palm sonne : elle doit aller chercher sa fille qui a rendez-vous chez le médecin. Caroline serre les dents. Encore deux semaines, et c'est le week-end en thalasso tant attendu. Là, elle pourra évacuer tout ce stress...

Mauvaise nouvelle : on sait maintenant que cette façon boulimique de gérer le stress – j'accumule jusqu'au trop-plein, puis j'arrête tout pendant quelques jours – est inefficace. Peut-être même dangereuse. En effet, c'est l'accumulation chronique d'anxiété et de stress qui fait du mal au corps et enraye notre bonne humeur. C'est elle qui encrasse nos artères, fait monter la tension artérielle, attaque nos neurones, réduit la mémoire et la concentration. C'est elle qui fait baisser nos défenses immunitaires et nous rend plus fragiles aux rhumes comme, sans doute, au cancer. C'est elle, enfin, qui nous ferait grossir et prendre des rides plus vite encore que

103

l'âge ne nous l'impose[1]. Conclusion : c'est dans la façon dont nous passons nos journées, pas nos loisirs, que tout se joue...

Françoise, elle, gère sa vie différemment. Infirmière, elle aussi est soumise à des demandes de toutes parts, et toujours dans l'urgence, bien sûr. Pourtant, elle ne se défait jamais entièrement de son sourire. C'est comme si elle pouvait plonger dans le stress quelques minutes si nécessaire, puis en ressortir à peine « mouillée ». Des études récentes montrent que les personnes qui réagissent comme elle retrouvent leur équilibre physiologique et émotionnel plus vite que les autres[2]. Elles ont à leur disposition un tas de petites techniques qui leur permettent de sauter à pieds joints dans l'action, puis de s'en échapper avec aisance. Elles sont plus « souples », tel le roseau dans la fable de La Fontaine[3] sur lequel le vent n'a pas vraiment prise.

Pour vraiment gérer le stress, il ne faut donc pas attendre les vacances, mais réagir dans l'instant. On commence à comprendre la réaction naturelle des personnes comme Françoise : elles sentent très vite qu'elles ont commencé à se contracter à l'intérieur, et s'ajustent immédiatement, comme au yoga : respiration plus lente et plus profonde, relâchement des épaules, cou plus droit, concentration sur la sensation de douceur dans la poitrine qui accompagne le mouvement de l'air. Pour aider leur physiologie à se remettre en cohérence, elles se concentrent aussi sur des souvenirs agréables. Et c'est peut-être à cela que servent vraiment les vacances : créer des souvenirs agréables dans lesquels se ressourcer lorsqu'elles sont derrière nous...

Septembre 2003

---

1. B. McEwen, *The End of Stress as We Know It*, Washington DC, National Academic Press, 2002.
2. L. F. Katz and J. M. Gottman, « Buffering Children from Marital Conflict and Dissolution », *Journal Clinical Child Psychological and Adolescent Psychology*, 1997, 26 : 157-171.
3. « Le Chêne et le Roseau », *Fables* de Jean de La Fontaine.

Prendre soin des autres, c'est prendre soin de soi

Lorsque, à l'âge de 15 ans, j'ai annoncé à mon père que je voulais faire médecine, il m'a envoyé voir son ami d'enfance, le Pr Jean-Louis Funck-Brentano. Derrière son imposant bureau de l'hôpital Necker, à Paris, cet homme incarnait la médecine elle-même. Éloquent, brillant, sévère parfois, mais toujours chaleureux. Comme s'il signifiait, par la douceur dans ses yeux, que la seule chose qui comptait vraiment, c'était de soulager la douleur de celui qui souffre... Après m'avoir interrogé sur mes motivations, après s'être plaint – avec dérision – de la médecine trop « institutionnelle », après m'avoir décrit des études « imbéciles », il a conclu notre entretien sur un sourire : « Tu vas voir, c'est le plus beau métier du monde ! » J'ai mis quinze ans à comprendre pourquoi il avait raison.

Après une interruption de cinq ans dans ma formation pour faire un doctorat en sciences cognitives, j'ai dû, à l'âge de 30 ans, refaire un stage comme interne. Le premier jour, j'ai pu prescrire un antidouleur à un homme atteint de cancer qui souffrait en silence depuis des semaines. Ce soir-là, son sourire – le premier depuis longtemps – m'a transporté plus que tous les succès académiques et les plaisirs intellectuels de mon doctorat. Les mots de Funck-Brentano ont alors résonné à nouveau en moi, et je les ai compris avec mon corps : en soignant les autres, on se soigne soi-même, en profondeur.

Spinoza, il y a plus de trois cents ans, l'avait déjà décrit : chaque fois que nous faisons du bien à un autre être, nous nous sentons mieux parce que notre physiologie s'en trouve renforcée[1]. Aujourd'hui, nous savons que notre cœur bat alors avec plus de cohérence, que nous sécrétons des endorphines (hormones de la connexion affective) et que notre système immunitaire est plus actif. Participer à des activités bénévoles pour assister les autres serait même une garantie de santé plus grande encore que réduire son taux de cholestérol ou arrêter de fumer[2] ! Cela s'appliquerait également aux soins que l'on porte aux animaux ou aux plantes. Dans le cadre d'une étude menée à Harvard[3], les résidents d'une maison de retraite ont tous reçu une plante. La moitié d'entre eux devaient s'en occuper eux-mêmes, tandis que le personnel assurait les soins pour les autres. Plus tard, on constata que les premiers avaient vécu deux fois plus longtemps.

Une amie, qui cuisine très bien, décrit parfaitement comment elle profite de son talent aussi pour elle-même : « Ce qu'il y a de formidable quand on aime faire la cuisine pour les autres, c'est que l'on en tire du plaisir avant, en pensant à ce que l'on va manger ensemble ; pendant, au moment où l'on en profite ; et après, en repensant à quel point c'était bien... » Comme elle, il n'est pas nécessaire d'être médecin. Nous pouvons tous nous faire du bien d'une façon ou d'une autre. Il suffit de trouver comment, et pour qui.

Octobre 2003

1. Antonio Damasio, *Spinoza avait raison : le cerveau des émotions*, Odile Jacob, 2003.
2. J. S. House, K. R. Landis, et coll., *in Science*, 1988, 241 : 540-545.
3. J. Rodin, E. J. Langer, *in Journal of Personality and Social Psychology*, 1977, 35 : 897-902.

Cette peine qui fait vraiment mal

Jim est allongé dans un scanner à résonance magnétique. Il participe en même temps à un jeu sur ordinateur avec quelques autres étudiants de l'université de Californie, à Los Angeles (UCLA). Comme s'ils jouaient au ballon sur une pelouse, chacun renvoie une balle digitalisée, avec plus ou moins d'adresse, à un des participants qu'il choisit tour à tour. Jim se demande ce qu'il peut bien y avoir d'intéressant là-dedans pour les chercheurs en neurosciences qui l'ont invité à faire cette expérience... Au bout d'un moment, il s'aperçoit que les autres joueurs lui lancent de moins en moins le ballon, puis plus du tout. Il attend son tour. Ils ne peuvent pas l'avoir oublié puisque son personnage digital est bien là sur l'écran. Les autres doivent bien voir qu'il attend... Après quelques minutes, Jim est obligé de conclure qu'ils ne veulent simplement plus jouer avec lui. Il se sent très gêné. Mal dans son corps. Il a envie de bouger dans le scanner, ce qui lui a été formellement interdit. Même s'il n'a jamais rencontré ces autres étudiants, même s'il ne veut pas l'admettre, il est vexé. Pourquoi l'ont-ils laissé tomber ? Qu'a-t-il fait de mal ?

Rien. Ceux qu'il pensait être d'autres étudiants comme lui n'étaient en réalité que des personnages simulés par un programme d'ordinateur, avec instruction de progressivement exclure Jim du jeu, quelle que soit sa manière de jouer. Pour qu'il se sente mal, justement. Presque tous les sujets de cette étude se sont sentis aussi mal que Jim. Pour la première fois, elle a permis de montrer ce qui se passe dans notre cerveau lorsque nous nous sentons rejetés. La découverte ? Ce sont les mêmes régions du cerveau qui « s'allument » lorsque nous souffrons d'être rejetés par un groupe que lorsque nous ressentons une douleur physique ! Du point de vue du cerveau de Jim, s'être fait ignorer de cette façon, c'est presque pareil que si on l'avait pincé. Ça fait mal, physiquement mal, et cette douleur-là est vraiment ressentie dans le corps[1].

Nous avons hérité notre cerveau – et surtout notre cerveau émotionnel – de nos lointains ancêtres hominidés. Pour eux, dans la savane, être séparé du groupe était synonyme de mort certaine. Le mécanisme inné de la douleur nous fait retirer la main trop proche d'une flamme pour nous protéger. Il paraît donc normal que notre cerveau se soit servi du même mécanisme pour nous éviter des situations de séparation qui mettaient aussi notre intégrité physique en danger.

De fait, c'est la même région du cerveau – celle de cette douleur – qui est activée lorsqu'un bébé est séparé de sa mère, et aussi chez sa mère lorsqu'elle entend les cris plaintifs de son enfant. Là aussi, ça fait mal, vraiment mal. Ce serait donc là la confirmation que toutes ces peines, toutes ces sensations étranges dans notre corps – serrement de gorge, pesanteur dans la poitrine, sensation que notre cœur est « brisé » – que nous vivons lorsque nous nous séparons de ceux qui forment la toile si nourrissante de nos relations affectives, sont bien « réelles ». Seul sur le quai de la gare, lorsque tu t'en vas, mon aimée, j'ai mal. Lorsque tu es loin, mon fils, et que je n'ai pas de nouvelles de toi, j'ai mal.

---

1. *Science*, 2003.

Quand je me retrouve seul après un divorce, j'ai mal. Et chacune de ces douleurs est un peu différente. Comme si le corps ajoutait sa propre couleur à l'expérience de la souffrance. Les mots ne sont pas les mêmes pour toutes les séparations ou les rejets que nous avons à endurer ; les maux non plus.

La dépression, elle aussi, constitue une véritable douleur. Elle aussi met en jeu cette région de la douleur physique dans le cerveau activée au cours de l'expérience de l'UCLA (il s'agit du cortex cingulaire antérieur). Or la dépression est beaucoup plus fréquente chez les personnes qui ont subi plusieurs séparations affectives pendant l'enfance. Comme si ce circuit de la douleur avait été rendu plus vulnérable par ces premières expériences.

Le grand psychanalyste anglais John Bowlby, le premier à avoir connecté la vie affective et les névroses humaines avec les comportements sociaux des animaux et leurs réactions à la séparation, a résumé les grands thèmes qui soustendent la souffrance de tous les primates dans les titres de sa trilogie « Attachement et Perte » : *L'Attachement*, *La Séparation*, *La Perte*[1]. Aujourd'hui, grâce aux avancées de l'imagerie cérébrale, on commence à voir comment ces blessures que nous avons toujours attribuées au domaine du mental sont enregistrées dans notre cerveau comme des blessures du corps. Encore un domaine où la frontière s'efface entre le corps et l'esprit.

Une série d'études montrent que la douleur de la séparation affective est très rapidement calmée avec les mêmes substances que celles qui calment le mieux la douleur physique : les dérivés du pavot (morphine, héroïne) ou leur version originale que sont les endorphines (la « morphine endogène », sécrétée par notre cerveau lui-même)[2]. Aussi

---

1. PUF, 2002.
2. *Neuroscience and Biobehavioral Reviews*, 1980.

peut-on s'interroger : et si les toxicomanes dépendants de ce type de drogues tentaient simplement de calmer la douleur causée par un sentiment d'exclusion, qui les accompagne depuis l'enfance ?

Janvier 2004

Notre corps, lieu de l'intuition

Jacqueline s'apprête à monter dans un ascenseur qu'elle croyait vide. Un homme inconnu est déjà dedans. Il la regarde avec un sourire trop marqué. « Vous montez ? » lui dit-il. Elle sent son ventre se serrer ; elle a la chair de poule. Quelque chose n'est pas normal. Mais elle ne veut pas être impolie vis-à-vis de ce monsieur qui n'a – somme toute – rien fait de répréhensible, et elle ne voit pas comment elle pourrait dire non. Elle monte dans l'ascenseur. Il la viole. En racontant l'histoire le lendemain à la police, Jacqueline se rend compte qu'elle avait détecté cette silhouette inhabituelle dans sa rue depuis plusieurs jours...

L'ex-petite amie de Marc refuse de croire que tout est fini entre eux. Elle lui laisse des mots partout et sature son répondeur de messages. Marc hésite lorsqu'elle lui demande si elle peut venir chercher un livre qu'elle a laissé chez lui. Quelque chose lui dit qu'elle n'est pas dans son état normal. Mais, après avoir habité ensemble trois mois, comment lui refuser cela ? Une fois dans son appartement, elle sort un couteau et lui balafre le visage. Il apprendra plus tard qu'elle avait pris de la cocaïne avant de venir le voir. C'était bien cela qu'il avait perçu dans sa voix...

Gavin de Becker, spécialiste de la violence, a décrit comment notre système ancestral de détection du danger nous alerte presque toujours avant qu'un acte de violence ne soit commis contre nous[1]. Hélas, le plus souvent, nous n'écoutons pas les messages envoyés par notre corps. Nous avons appris à les réprimer à l'aide de notre cerveau cognitif, celui du langage et de la pensée rationnelle. Le cerveau émotionnel – que nous partageons avec tous les animaux – est, lui, avant tout branché sur le corps, et c'est donc souvent par lui que se manifeste notre intuition. Pour être à son écoute, il suffit généralement d'être attentif à ce qui se passe physiquement en nous.

Dans une étude remarquable[2], des chercheurs de l'université de l'Iowa ont confirmé l'intelligence des réactions du corps. Des étudiants jouaient à un jeu complexe dont on ne leur avait pas expliqué les règles. Des électrodes placées à la surface de leur peau détectaient simultanément les variations minimes qui accompagnaient l'anticipation d'une victoire ou d'une perte. De temps en temps, ils gagnaient de l'argent, sans comprendre ce qu'ils avaient fait pour le mériter ; à d'autres moments, ils perdaient tout ce qu'ils avaient gagné, sans que cela ait davantage de sens pour eux. Lorsqu'on leur demandait ce qu'ils faisaient, ils disaient choisir leurs actions « au hasard ». Pourtant, au bout de trente minutes de jeu, les électrodes captaient des signes tout à fait fiables : quelques secondes avant d'obtenir un résultat, leur peau, elle, signalait déjà s'ils allaient gagner ou perdre. Tout se passait comme si leur corps avait déjà compris les règles, alors que leur cerveau cognitif, conscient, demeurait dans le noir.

Ce que nous appelons l'intuition est le résultat du travail constant de notre cerveau qui, à partir des dizaines, voire des centaines d'exemples concrets que la vie lui présente, déduit

---

1. *La Peur qui vous sauve*, J.-C. Lattès, 1998.
2. A. Bechara, H. Damasio, D. Tranel et A.R. Damasio, « Deciding advantageously before knowing the advantageous strategy », *in Science*, 1997, n° 275, p. 1293-1295.

des règles. Cette opération est essentiellement le fruit du cerveau émotionnel, et non celui du cerveau cognitif. Ainsi, face à une nouvelle situation faisant appel à l'une de ces règles (par exemple : un individu rôdant plusieurs jours dans le quartier et me souriant étrangement ne me veut certainement pas de bien...), le corps se met en alerte, même si le motif de cette alerte ne devient pas conscient pour autant.

Et, comme le dit Gavin de Becker dans son livre, il y a deux bonnes raisons d'écouter son intuition : elle est toujours déclenchée en réponse à quelque chose, et elle a toujours à cœur notre intérêt personnel. Quoi qu'il arrive, elle ne nous fait donc pas perdre notre temps.

Lorsque nous évaluons notre relation à quelqu'un, il est important d'écouter les signaux envoyés par notre corps. Y prêter un peu d'attention peut nous aider à évaluer notre relation à certains individus. Une personne nous fait peur. Les signaux que peut nous envoyer notre corps sont : sentiment d'inconfort dans le ventre, chair de poule, accélération du rythme cardiaque, froid dans la poitrine, nausée, mains moites. Une personne nous attire. Les signaux que peut nous envoyer notre corps sont : relâchement des épaules, sensation de légèreté ou chaleur dans la poitrine, picotements dans les mamelons, gonflement du pénis ou du clitoris.

Février 2004

Guérir, c'est rencontrer une partie de soi-même

Matthieu se souvient de la violence de son père alcoolique. Quand il y pense, il voit encore, trop clairement, les coups que recevait sa mère, il entend la voix rauque et les insultes maugréées. Malgré tout son désir d'enfant, il ne pouvait rien faire pour arrêter cette folie. De cette époque, Matthieu a gardé un sentiment profond d'impuissance, qui le mine lorsqu'il doit s'opposer à un collègue de bureau ou s'affirmer contre son patron. Pourtant, il sait qu'il n'est plus aussi vulnérable aujourd'hui. Il sait qu'il n'y aura pas de violence à son travail et que son avis est respecté. Il sait qu'il est maintenant adulte, qu'il peut protéger ses enfants, qu'il parle à sa femme sans violence même lorsqu'ils sont en conflit. C'est d'ailleurs parce qu'il sait qu'il ne devrait plus se sentir si souvent impuissant qu'il consulte un thérapeute... Mais tout se passe comme s'il n'était pas suffisamment en contact avec cette partie de lui-même. Cette partie qui peut le guérir.

Ghislaine est déprimée. Elle n'a plus envie de se lever le matin. Ses collègues de bureau l'irritent, elle s'énerve facilement contre ses enfants. Elle ne prend plus aucun plaisir à déjeuner avec sa meilleure amie, le cinéma l'ennuie. Elle dort mal. Il lui arrive encore, rarement, de sourire, mais, dans sa journée, c'est une éclaircie qui dure à peine. Elle sent, dans ces brefs instants, que c'est de cette énergie-là, celle du sourire, dont elle a envie dans sa vie, mais elle se laisse glisser à nouveau dans l'irritation, le découragement, le cynisme. Pourtant, l'énergie qui peut la guérir est bien là, présente à l'intérieur d'elle-même.

Nous avons tous, dans notre cerveau, dans le flux constant de nos idées, dans les va-et-vient de nos humeurs, une vaste palette de pensées et d'« énergies », une multitude de couleurs, pourrait-on dire. Les unes nous font souffrir, les autres nous soulagent. Guérir consiste souvent simplement à permettre à certaines de nos perspectives ou à certaines de ces couleurs – les plus positives – d'être plus fortes que celles qui nous étouffent.

Une étude de l'université de Toronto (Canada) suggère que le traitement réussi de la dépression semble activer des zones différentes du cerveau, selon qu'il a été réalisé par psychothérapie ou par antidépresseurs[1]. Quand, avec la première méthode, se profile à l'intérieur de notre cerveau une perspective de douceur, de calme, de tolérance, dominant celle de souffrance que le passé porte en lui, le scanner PET (tomographie à émission de positrons) révèle que c'est surtout une région du cerveau cognitif qui est activée. Comme si cette région des idées pouvait mieux soutenir une perspective positive. Si c'est un médicament qui nous a permis de retrouver plus de plaisir, plus d'entrain, de rentrer plus facilement en contact avec l'énergie vitale qui est en nous, et que nous oublions parfois, ce sont des régions du cerveau émotionnel qui se montrent plus actives. Comme si elles pouvaient, maintenant, mieux afficher les couleurs du plaisir.

Il y aurait donc plusieurs chemins possibles vers la guérison. Et les voir se dessiner sous la lumière du scanner d'imagerie fonctionnelle est très rassurant. Que ce soit une

---

1. K. Goldapple et coll., *Archives of General Psychiatry*, janvier 2004.

nouvelle perspective qui s'affirme ou une énergie qui revient, dans tous les cas il s'agit d'une part de nous-même que nous retrouvons, que nous renforçons. Une partie de nous qui a toujours été là. Il s'agit donc vraiment d'une rencontre intérieure. Et, comme dans toute rencontre, il faut savoir nourrir cette nouvelle relation. Comme en amour, il faut apprendre à vivre ensemble, à se respecter, à se nourrir mutuellement. Il suffit rarement d'une seule réalisation soudaine (*insight*) ou d'un seul traitement par un médicament pour être à jamais construit. Nous devons tous apprendre à reconnaître d'abord, à soutenir ensuite, la rencontre qui, en nous, nous permet de guérir.

Des moyens simples existent pour nous aider à entretenir ces zones du cerveau qui peuvent nous soulager. Lorsque nous nous sentons un peu plus sûrs de nous, il est utile de chercher autour de nous des signes positifs (un ami qui nous dit du bien de nous, une histoire qui confirme que nous avons eu raison dans nos choix), plutôt que de s'attarder sur ce qui peut continuer de nous enfoncer dans le doute. Le plaisir, comme toute émotion positive, peut s'entretenir consciemment. De nombreux exercices spirituels suggèrent de se concentrer sur les émotions positives, de prendre le temps de les entretenir à l'intérieur de soi, de simplement s'y attarder. On peut, par exemple, choisir un souvenir agréable et se concentrer dessus lorsque l'on commence à se sentir glisser dans le stress. Le dalaï-lama dit très directement : « Essayez simplement chaque jour d'avoir plus d'émotions positives que d'émotions négatives, et vous serez un meilleur être humain. » Il semble que ce soit surtout une question d'entraînement...

Mars 2004

Les heures sombres de l'âme

Jackie gère mille projets à son travail. Elle s'occupe de ses trois enfants aussi, et parfois elle a même l'impression de prendre en charge son mari. Le plus souvent, il lui semble qu'elle domine tout ça avec aisance. Les horaires d'école, les leçons de tennis, la fête d'anniversaire, le dossier presque terminé que le patron veut finaliser demain, le dîner avec les amis de Thierry... Les objectifs, les contraintes, les ressources, tout cela semble se mettre en place dans sa tête comme un puzzle, assez facilement finalement. Mais il lui arrive de se réveiller à 4 heures du matin. Dans la pénombre, elle a l'impression que tous ces projets l'assaillent. Rien ne va marcher ! Comment a-t-elle pu accepter autant de contraintes ? Elle n'y arrivera pas, c'est impossible ! Et tous ces e-mails auxquels elle n'a pas encore répondu ! Que va-t-on penser d'elle ? Qu'elle s'est laissé déborder, qu'elle n'est pas à la hauteur de ses ambitions... Et puis, le matin venu, sous sa douche, elle se demande comment elle a pu autant s'inquiéter. Cela fait des années maintenant qu'elle fait face à toutes ces demandes sans trop de difficultés. Elle est à nouveau « elle-même », sereine.

Denis parle, lui, de son cancer qui progresse. Pendant la journée, il se sent accompagné par sa femme, ses enfants, ses amis. Il profite de chaque instant qui lui reste avec un plaisir qu'il avait même rarement connu avant sa maladie. Il a bien vécu et il ne regrette rien. Son temps devait se finir un jour, et il est en paix avec cela. Mais la nuit, il lui arrive à lui aussi de se réveiller entre 2 et 4 heures du matin. C'est dans ces moments-là qu'il sent la peur monter en lui. Il est désemparé. Incapable de repousser les idées noires qui se pressent devant lui. Dès qu'il lui semble replonger un peu dans le sommeil, un autre doute vient le tenailler : « Et si le médecin à qui je fais tant confiance n'était pas disponible quand je commencerai à souffrir ? » Et il se réveille complètement... Pourtant, au matin, lui aussi se demande comment il a pu tant s'inquiéter. Tout est en place comme il l'a organisé et il le sait bien. Il est à nouveau calme. J'ai toujours été fasciné par ces heures sombres de l'âme. Comment pouvons-nous perdre à ce point le sentiment de contrôle qui nous accompagne le plus souvent pendant la journée ? Et pourquoi cela arrive-t-il ainsi au plus profond de la nuit ?

D'après certains psychologues qui se sont attachés à décrire le contenu des pensées (les « cognitions » dans le langage de la thérapie cognitive), en temps normal nous aurions tous à peu près deux fois plus de pensées positives (« Je peux y arriver » ; « Je suis quelqu'un de bien » ; « Je peux compter sur mes amis ») que de pensées négatives (« Je ne réussis jamais rien » ; « Je suis nul » ; « Personne ne m'aide »[1]). Lorsque nous nous éloignons trop de cet équilibre normal de 2/1, nous risquons de verser dans l'optimisme exagéré et malsain des épisodes maniaques, ou bien, à l'inverse, dans le pessimisme qui caractérise la dépression. On comprend que la dépression se manifeste par un déséquilibre,

---

1. R. M. Schwartz, G. L. Garamoni, *A Structural Model of Positive and Negative States of Mind : Asymmetry in the Internal Dialogue. Advances in Cognitive-behavioral Research and Therapy*, New York, New York Academic Press, 1986.

120

un afflux de pensées négatives, mais pourquoi cela arrive-t-il aussi souvent au milieu de la nuit, même lorsqu'on n'est pas déprimé ? La médecine traditionnelle chinoise appelle cette phase du sommeil l'« heure du poumon ». D'après elle, c'est le moment où l'énergie se vide dans la région du poumon. Or, dans cette vision poétique du corps humain, il s'agit de la région responsable de la force morale, de l'équilibre émotionnel.

Du point de vue de la science occidentale, d'autres explications abondent. Nous savons que le cerveau livré à lui-même commence à se préoccuper du futur. Comme une mère poule, une fois inoccupé, il s'inquiète. C'est une des raisons pour lesquelles toute activité qui engage notre attention et organise nos pensées nous fait nous sentir mieux (c'est l'objet de la brillante démonstration de Mihaly Csikszent mihalyi dans son livre *Vivre : la psychologie du bonheur*[1]). Or, au cœur de la nuit, notre cerveau est justement totalement désœuvré, et trop fatigué pour s'engager dans une tâche prenante. Serait-ce pour cela qu'il laisse la porte grande ouverte aux idées noires... ?

À l'université Harvard, d'autres chercheurs ont récemment étudié les variations du rythme cardiaque au cours du cycle des vingt-quatre heures de chaque journée : pendant la nuit, l'équilibre entre le système nerveux sympathique (accélérateur de la physiologie) et parasympathique (frein) se désorganise temporairement[2]. Cela nous rend, semble-t-il, plus sujets à des désordres physiques tels que l'asthme ou même un infarctus. Deux pathologies qui s'expriment effectivement souvent la nuit. Puisque l'état de notre cœur influence beaucoup notre cerveau émotionnel, cette désorganisation

---

1. Robert Laffont, 2004.
2. M. F. Hilton, M. U. Umali, et coll., « Endogenous circadian control of the human autonomic nervous system », *in Computers in Cardiology*, 2000, 27 : 197-200.

temporaire pourrait bien expliquer aussi les attaques de nos peurs nocturnes.

Nous ne pouvons pas échapper aux fluctuations de nos mécanismes biologiques. Nous aurons tous à vivre ces heures sombres de l'âme, ces inquiétudes disproportionnées qui surgissent durant la nuit. Mais savoir qu'il s'agit surtout d'un passage à vide programmé de notre physiologie est déjà un rempart solide contre le désarroi. Ne serait-ce qu'en se souvenant que, le matin venu, tout cela ne paraîtra plus si écrasant.

Avril 2004

La douleur de l'autre est en nous

Deborah tourne en rond dans la salle d'attente de l'hôpital. Sa fille est en train de subir sa troisième séance de chimiothérapie. Deborah imagine comment, une fois de plus, le poison glacé – pourtant nécessaire – se répand dans les veines de Catherine. Elle a l'impression de sentir elle-même la nausée qui monte chez sa fille, les soubresauts qui lui tordent le ventre. Elle se dit qu'elle donnerait n'importe quoi pour être malade à sa place. Roni fixe l'écran de sa télévision : cent mille réfugiés fuient la guerre dans leur pays. Ils ont marché des jours, souvent sans eau ni nourriture. Ils portent des valises attachées avec un bout de ficelle. Un père, les yeux hagards, tient dans ses bras son enfant mort. La caméra s'arrête sur son turban défait, sur ses bras qui serrent inutilement le petit garçon contre sa poitrine. Roni se lève de son siège. Il est médecin. Il ne tient pas en place. Il veut faire quelque chose. Il veut être là-bas. Quelques jours plus tard, il part avec Médecins sans frontières.

Lorsque nous sommes nous-même soumis à la souffrance, tout notre organisme entre en action pour y faire face. C'est la fameuse réaction de « combat ou de fuite ». Mais d'où nous vient ce sentiment parfois de souffrir à la place de l'autre ? Cet élan puissant qui nous pousse à faire tout ce qui nous est possible pour le soulager, comme si c'était nous qui souffrions ?

À l'University College de Londres, dans le laboratoire d'imagerie cérébrale du Pr Frith, des femmes ont accepté de s'allonger dans un scanner par résonance magnétique pendant que leur mari recevait des chocs électriques. Elles étaient averties quelques secondes avant le choc que celui-ci allait être délivré, et elles pouvaient voir dans un miroir la main de leur époux se contracter sous la douleur... Sur le visage de chacune, on pouvait lire la douleur qu'elles ressentaient à voir souffrir l'homme qu'elles aimaient. Mais c'est surtout ce qui se passait dans leur cerveau qui a intéressé l'équipe menée par la jeune chercheuse Tania Singer : les régions du cerveau émotionnel activées étaient quasiment les mêmes que si c'étaient elles qui avaient subi le choc électrique ! La douleur de l'autre était devenue leur propre douleur. Leur cerveau se l'était appropriée[1]. Chez ces femmes connectées par l'amour à leur mari, tout se passait comme si la membrane qui sépare le « moi » du « toi » était percée.

« *Ya pihi irakema* », disent les Indiens yanomamis quand ils sont amoureux : « Je suis contaminé par toi. » Traduisez : « Quelque chose de toi est entré en moi ; et il y vit maintenant. » Je ne suis plus seulement moi, tes émotions sont aussi les miennes. Selon l'expression de la philosophe américaine Susanne Langer[2], sous l'effet de l'amour, la « membrane de l'individualité » est devenue poreuse... Bien sûr, certains sont plus sensibles que d'autres à cette empathie. La capacité des femmes est généralement supérieure à celle des hommes. Et parmi les femmes – et les hommes –, on note des différences importantes. Cette réaction automatique

---

1. T. Singer, B. Seymour et coll., « Empathy for Pain Involves the Affective But Not Sensory Components of Pain », *in Science*, 2004, 303 : 1157-1162.

2. *In Mind : an Essay on Human Feelings*, John Hopkins Press, 1988.

de notre cerveau est le fondement même de notre humanité. De notre capacité de connexion avec les autres. Ce qui différencie les mammifères de tous les autres animaux, ce n'est pas seulement l'allaitement maternel, mais les régions du cerveau émotionnel qui imposent le lien affectif entre les parents (surtout la mère) et leur progéniture. Le cortex cingulaire antérieur (que l'on voit s'activer chez les femmes dont le mari souffre) s'est développé pour que les cris de douleur de son petit lors des séparations lui soient insupportables. C'est grâce à cela que le contact constant avec un adulte – si nécessaire à la croissance des fragiles petits mammifères – est assuré.

Au-delà du lien avec nos proches, notre capacité de compassion (« com-passion », du latin *compassio*, « souffrir avec ») est le socle de la vocation du médecin, de l'élan du bénévole pour les associations caritatives, mais aussi du désir de chacun de voir davantage d'harmonie dans sa communauté. C'est sans doute aussi le fondement même de l'éthique, comme le pensait Spinoza, ce philosophe du XVIIIe siècle qui avait tout compris du lien corps-esprit[1]. Il voyait dans la capacité de notre corps à ressentir les émotions des autres l'origine de la morale : s'il souffre, je souffre, donc je dois éviter sa souffrance. C'est dans notre cerveau qu'est inscrit le lien qui nous unit à la souffrance, comme au bonheur du monde qui nous entoure. Le lien qui fait de nous des êtres humains, individuels et connectés. Sensibles, et responsables.

Mai 2004

---

1. Antonio R. Damasio, *Spinoza avait raison*, Odile Jacob, 2003.

Serions-nous condamnés au stress ?

« Je n'ai jamais connu le stress avant de venir en Occident ! » Un peu abasourdi, je scrute le chaud sourire de mon interlocuteur tibétain. Kalson est orphelin, il a quitté son Tibet natal à l'âge de 8 ans en échappant aux gardes-frontière chinois, il n'a jamais eu de papiers officiels, il vit dans l'une des agglomérations qui accueillent le plus de réfugiés tibé-tains – la ville de Dharamsala, au nord de l'Inde –, où il est proviseur d'une école de plusieurs milliers d'enfants, dont des centaines sont orphelins comme lui. Jamais de stress ? Comment peut-il être sérieux ?

Kalson me raconte alors ses deux années aux États-Unis, où il a passé une maîtrise en sciences de l'éducation grâce à une bourse internationale. « Je vivais avec des étudiants américains. Quoi que nous fassions, ce n'était jamais assez. Nous étions au supermarché, il fallait se dépêcher de rentrer pour préparer nos devoirs ; nous étions en train de travailler, il fallait terminer au plus vite parce que des amis allaient arriver pour regarder un match à la télévision ; nous regar-dions le match, les commentateurs disaient que le véritable événement serait le prochain match et qu'il fallait commencer à s'y préparer... » Comment en sommes-nous arrivés là ? Nous, les sociétés les plus riches du monde, qui avons à notre disposition toutes les technologies pour nous faire gagner du temps, économiser notre énergie et, donc, nous protéger, en principe, des difficultés de la vie ; nous, que des milliards d'habitants de la planète envient, comment pouvons-nous être plus stressés que des réfugiés qui doivent chaque jour faire face à la pénurie de l'essentiel, y compris, parfois, l'eau ?

Le philosophe anglais Alain de Botton a publié un essai remarquable sur cette question[1]. Sa thèse est simple : une fois nos besoins de base assurés (pour se protéger contre la faim, le froid et la violence), et en dehors de l'amour romantique et de la sexualité, notre plus grand besoin est l'acceptation et la reconnaissance par ceux qui nous entourent. Même si c'est un peu inavouable et que nous en avons souvent honte, nous avons profondément, terriblement, besoin de sentir que nous sommes importants pour les autres, que l'on fait attention à nous, que l'on nous écoute. Or, pour savoir si nous comptons ou pas, nous n'avons pas d'autre moyen que de regarder ce que font les autres – ceux que les sociologues appellent notre « groupe de référence » et qui, nous en sommes convaincus, « comptent » vraiment – et de nous conformer à eux autant que possible.

Il s'agit le plus souvent de nos voisins, de nos amis, des gens avec qui nous avons grandi. Si leurs enfants jouent du piano, s'ils partent en vacances au ski, s'ils ont une maison de campagne, si leur voiture est un 4×4, s'ils mangent bio, s'ils parlent anglais couramment, s'ils lisent le journal tous les jours, s'ils font du jogging quarante-cinq minutes plutôt que vingt, s'ils font du yoga... alors nous devons tant bien que mal « rester au niveau ». Et pour cela, il faut courir. Tout le temps. Et encore, cela suffit rarement. Malgré toutes les difficultés traversées par mon interlocuteur tibétain, il n'avait pas le sentiment, lui, de devoir courir pour être considéré par ceux qui l'entouraient. Il se sentait utile aux enfants et à la perpétuation de la culture tibétaine, et cela lui suffisait. Peu

---

1. *Status Anxiety*, Penguin Books, 2004.

importait son salaire ou le fait qu'il n'ait pas de voiture. Il savait qu'il « comptait » sans avoir besoin d'en faire plus.

Alors, nous qui vivons dans une société de consommation qui mesure la valeur de chacun à son niveau de productivité et à l'accumulation de ses activités, sommes-nous condamnés au stress ? On ne peut pas échapper au besoin d'être considéré par les autres comme « quelqu'un de bien », mais on peut choisir – en partie – son groupe de référence. Aujourd'hui, nous sommes nombreux à avoir compris que la vraie richesse se mesure d'abord à la qualité de nos rapports humains. Et cela, nous pouvons en partie le décider. Nous pouvons choisir nos valeurs, choisir notre comportement, choisir nos amis. Et nous pouvons élever nos enfants le plus possible dans le respect de ces choix. Finalement, sur notre lit de mort, le seul jugement qui nous restera sera celui-là : avons-nous su aimer et être aimé ? Avons-nous su « être là », ou avons-nous pensé, tout du long, au prochain match ?

L'idée que nous avons de nous est fragile. Nous sommes tous tour à tour courageux et veules, percutants et inefficaces, intègres et malhonnêtes, généreux et pingres. Comment savoir qui nous sommes « vraiment », sinon à travers le regard des autres ? Ceux qui ont vécu un traumatisme émotionnel portent longtemps sur eux le jugement sévère qu'ils ont tiré de cette expérience : une femme qui a perdu son enfant se dira qu'elle est une mauvaise mère ; celui qui a perdu son travail, qu'il est incompétent ; celle qui a été violée, qu'elle est « sale ». Si l'on creuse un peu, on s'aperçoit qu'il s'agit davantage de ce qu'ils s'imaginent que les autres vont désormais penser d'eux que d'une conviction personnelle. Et c'est ce jugement sur soi qui fait le plus souffrir.

Juin 2004

Les sens de la vie

À 15 ans, dans une église de campagne, le sermon d'un prêtre me marqua. Il commençait par cette question : « Où chercher Dieu ? où le trouver ? » Je ne me suis jamais souvenu de la suite, et je l'ai souvent regretté, me disant que j'étais passé à côté de la réponse... Aujourd'hui, je crois que ce que l'on a appelé pendant des siècles « trouver Dieu », c'est trouver un sens à sa vie. Trouver ce qui peut l'enrichir. Une nouvelle perspective est née des neurosciences depuis les années 1980 : ce qui nourrit notre vie, ce n'est pas la raison pure, mais bien l'équilibre de notre cerveau émotionnel. Et de quoi celui-ci a-t-il besoin ? De connexions avant tout, de relations. Il en trouve dans quatre domaines, et seulement quatre :

— *La corporalité* : Si nous ne nous autorisons pas à goûter, sentir, toucher, écouter, regarder en portant toute notre attention sur le moment présent, si nous ne nous laissons pas prendre complètement par le plaisir, le rire ou – c'est plus difficile – la souffrance pour être présent à soi-même, alors nous ne sommes pas connectés à notre corps. Le sport, comme toute activité physique, engage à la fois notre attention, notre souplesse et notre force : l'endurance de nos cellules est une autre façon de se lier à soi. La méditation ou l'écoute attentive de l'autre durant laquelle nous restons activement branchés sur les sensations qu'évoque en nous ce qu'il dit ou fait sont, elles aussi, une manière de nous abreuver à cette première source de sens qu'est la corporalité : les ondes qui se répandent à l'intérieur de notre corps lorsqu'il réagit au monde, et sur lesquelles nous pouvons choisir de concentrer notre attention.

— *L'intimité* : Si le cerveau émotionnel est avant tout branché sur le corps, il est aussi fabriqué pour réguler nos relations affectives. Naturellement, l'Amour (avec un grand A), l'amour romantique, éperdu, est une manière extraordinairement efficace de nous remplir de sens. Lorsque nous nous regardons dans les yeux et sentons nos cœurs battre plus fort, nous ne nous posons plus aucune question existentielle. Plus généralement, tout ce qui nous implique dans une relation intime nous ancre dans l'existence avec solidité. Il n'y a pas de doute sur le sens de la vie lorsqu'on prend la main de son enfant pour l'emmener pour la première fois à l'école, ou lorsqu'on le regarde chanter dans une chorale. Au-delà des partenaires amoureux ou des enfants, tous ceux dont nous nous sentons proches, tous ceux pour qui nous sommes prêts à donner de notre personne, ceux qui participent au cercle de notre intimité, nous relient à la vie et lui donnent du sens.

— *La communauté* : J'ai eu un patient de 30 ans dont l'espérance de vie était limitée à quelques mois par un cancer. Après avoir mené une vie agitée (alcool, mots violents et durs pour les autres), il était désormais terriblement seul. Il ne travaillait plus comme électricien et se morfondait dans l'angoisse de la mort, devant la télévision, pour passer le temps. Je le voyais une fois par semaine, et nous parlions de sa peur et de ce qu'avait été sa vie. Il avait fini par proposer au centre communautaire de son quartier de réparer bénévolement son système d'air conditionné. Il s'y rendait presque tous les jours pendant plusieurs heures. Il avait connu ainsi le président du centre, qui venait lui parler pendant qu'il travaillait. On le saluait par son nom lorsqu'on le croisait dans les couloirs. On l'appelait lorsqu'il œuvrait sur le toit pour lui apporter à manger ou à boire. Il était parfois lent, et se perdait même dans sa tâche, mais on venait l'aider. En quelques semaines, son anxiété s'était dissipée, même si sa maladie ne faisait qu'empirer. Il avait trouvé du sens, un sens qui lui avait toute sa vie manqué terriblement. Il avait suffi qu'il s'engage pour sa communauté, pour les autres. Suffi, au fond, qu'il se sente utile, apprécié. Nous sommes tous comme lui. Même si nous avons mieux réussi notre vie affective, nous avons besoin d'être utiles au-delà de notre cercle le plus proche d'intimité. Nous avons besoin de sentir que nous contribuons à quelque chose dans la société des hommes et des femmes dont nous faisons partie, et qui appartiendra demain à nos enfants.

— *La spiritualité* : Il est possible de se sentir reliés à une dimension qui existe au-delà de celle du corps, de celle des êtres ou de celle de la société des hommes. Pour certains, la plus grande source de sens est le sentiment d'être en présence de quelque chose de bien plus grand que tout cela. Même si cette présence s'appelle souvent Dieu (ou Yahvé, ou Allah), elle apparaît simplement face à la nature, ou dans certains lieux qui nous rappellent combien nous sommes insignifiants dans l'univers ou dans l'immensité du temps : devant le Grand Canyon, à Jérusalem, ou face au ciel éclatant d'étoiles de Dharamsala. Étrangement, c'est au moment précis où nous éprouvons ce sentiment de petitesse que, simultanément, la vie, elle, semble remplie de sens, et nous avec.

Juillet 2004

Il y a plus urgent que les OGM

C'est le milieu de l'été. Dans un champ de Haute-Garonne, une femme arrache avec acharnement des plants de maïs transgénique. Elle fait partie d'un nouveau groupe d'opposants aux organismes génétiquement modifiés (OGM), le collectif des Faucheurs volontaires. Comme tous ceux qui l'entourent, comme certainement beaucoup d'entre nous, elle espère protéger ses enfants, son propre corps, et toute notre société contre l'invasion de ces nouvelles espèces qui nous font peur. J'admire tous ceux qui ont le courage et la détermination d'aller au bout de leurs convictions. Mais est-ce le bon combat ?

Les plants de maïs et de soja transgéniques posent un problème d'écologie important pour l'avenir mais, à ce jour, les dangers pour la santé humaine sont surtout théoriques. C'est ce que souligne à nouveau un rapport de l'Agence française de sécurité sanitaire des aliments (Afssa), qui conclut qu'aucun problème de santé, qu'il s'agisse de toxicité ou d'« allergénicité », n'a encore pu être spécifiquement attribué à un OGM mis sur le marché[1].

_____

1. « OGM et alimentation : peut-on identifier et évaluer des bénéfices pour la santé ? », 2004. Cependant, depuis 2008, le maïs transgénique MON810, de Monsanto, reste interdit en France, malgré le nouveau rapport de l'Afssa qui réaffirme l'innocuité de ce maïs et malgré la décision du Conseil d'État d'annuler la clause de sauvegarde appliquée à son encontre. *(N.d.E.)*

En revanche, ce qui est très grave – et ce qu'aucun manifestant ne crie dans la rue –, c'est que toute la chaîne alimentaire animale occidentale est désormais complètement dépendante du maïs et du soja, transgéniques ou non. Pourquoi est-ce si grave ? Parce que les animaux de boucherie (et la volaille) qui se nourrissaient d'herbes, de feuilles et de graines dans la nature nous fournissaient des produits équilibrés et riches en acides gras essentiels oméga-3, que ce soit la viande, les œufs, le lait, le fromage ou le beurre[1]. Aujourd'hui, le maïs et le soja dont on les nourrit sont, au contraire, très riches en oméga-6 et contiennent très peu (ou pas du tout) d'oméga-3. En les consommant, nous créons donc chez nous un déséquilibre physiologique extrêmement néfaste. Il n'est pas question ici de suppléments alimentaires, mais de la manière dont nous nourrissons les animaux qui nous nourrissent.

Nous mangeons désormais dix à vingt fois plus d'oméga-6 que d'oméga-3, alors que notre corps est conçu pour fonctionner avec un apport quasi égal des deux. Cette transformation de la chaîne alimentaire a créé ce qui apparaît comme le dernier grand déficit nutritionnel identifié au XXe siècle : le déficit en oméga-3. Qui n'a fait que s'accélérer depuis cinquante ans.

Aujourd'hui, on en connaît les terribles conséquences sur la santé de l'homme : épidémie de maladies cardio-vasculaires (première cause de mortalité en Occident) ou de maladies inflammatoires comme l'arthrite, et, sans doute, le cancer, la maladie d'Alzheimer, l'augmentation alarmante des taux de dépression et de troubles bipolaires. Ce n'est pas surprenant. Nos gènes sont faits pour faire fonctionner notre

---

1. M. A. Crawford, « Fatty acid ratios in free-living and domestic animals », *in The Lancet*, 1968, 1329-1333 et Artémis Simopoulos et Jo Robinson, *Le Régime oméga-3 : le programme alimentaire pour sauver votre santé*, adapté par Michel de Lorgeril et Patricia Salen, EDP, 2004.

organisme avec un certain mélange d'apports nutritionnels. Inverser les proportions de ce rapport, c'est essayer de faire marcher une tondeuse à gazon sans le bon mélange d'huile et d'essence. Ça fait des ratés !

Nous avons aujourd'hui, en Europe et en France en particulier, la chance de pouvoir, sinon arrêter, du moins freiner ces épidémies qui nous menacent et qui sont dues pour une large part à ce qui vient de notre assiette. Plusieurs études françaises conduites sous l'égide de l'Institut national de la recherche agronomique (Inra), du Conseil européen pour la recherche nucléaire (Cern), des centres hospitalo-universitaires (CHU) de Rennes et de Lorient ont montré qu'il suffirait de nourrir le bétail et la volaille avec un peu de graines de lin (une des sources végétales les plus riches en oméga-3) pour que les produits animaux que nous consommons régulièrement retrouvent un équilibre proche de celui dont notre organisme a besoin. La France est le deuxième producteur mondial de lin. Cette solution, dont les conséquences seraient colossales sur notre santé (et sur celle de la Sécurité sociale), serait donc peu coûteuse.

En attendant que les gouvernements européens se penchent plus sérieusement sur la question, il revient à chacun de nous, individuellement, d'insister pour que les produits que nous consommons soient issus d'un élevage qui respecte les besoins nutritionnels naturels des animaux, qui sont aussi les nôtres. Certains labels existent déjà, comme celui de l'association de producteurs Bleu-Blanc-Cœur, qui garantit l'alimentation équilibrée en oméga-3 des animaux d'élevage, ou celui des œufs Columbus ou des produits Belovo. Y aura-t-il des manifestations violentes contre les oméga-6 du soja et du maïs comme il y en a eu contre les OGM ? Je l'ignore. Une certitude : c'est un premier pas pour agir à la fois sur un immense problème de société, et sur notre santé.

Septembre 2004

L'homéopathie est d'avant-garde

L'Académie de médecine a rouvert un large débat en prenant fermement position contre le remboursement de l'homéopathie[1]. Dans un communiqué, elle la décrit comme « une méthode obsolète imaginée il y a deux siècles à partir d'a priori conceptuels dénués de fondement scientifiques ». Elle évoque « une doctrine à l'écart de tout progrès » et « un secteur marginal ».

Elle parle aussi de « propagande » et fait ainsi écho à toute une partie de la médecine conventionnelle qui considère depuis longtemps l'homéopathie comme une forme de charlatanisme dont il faut protéger la population. Une population qui, elle, vote avec son porte-monnaie : 40 % des Français consomment régulièrement des préparations homéopathiques, remboursées ou non[2]. Est-il possible que 40 % des Français se trompent à ce point ? « Non », a répondu le ministre de la Santé, qui a décidé de ne pas suivre les académiciens.

La question de l'homéopathie ouvre un débat beaucoup plus profond que celui du remboursement. Il porte sur la

---

1. En 2004.
2. *L'Express*, du 13 septembre 2004. Ces chiffres ne cessent de progresser, en 2011, 56 % des Français disent avoir recours à l'homéopathie – enquête Ipsos. *(N.d.E.)*

nature même de la médecine. À ce jour, plus de un million d'essais cliniques en double aveugle ont été conduits. Ils montrent avec certitude qu'entre 15 et 70 % des patients tirent un bénéfice remarquable de la condition « placebo[1] » (comprimé ou intervention ne contenant aucune substance active). Il suffit pour cela que patient et médecin aient confiance en l'efficacité du traitement. Cette confiance déclenche des mécanismes d'autoguérison à l'intérieur du corps, souvent aussi efficaces que les « médicaments » tant prônés par la médecine scientifique du XXe siècle. Si ces mécanismes sont encore mal compris, aucun expert sérieux ne peut remettre en question leur existence.

Or c'est bien à ces mécanismes que s'intéressait, au XIXe siècle, Samuel Hahnemann, le père de l'homéopathie. Il avait compris que le corps semblait avoir une sagesse qui lui permettait de corriger ses propres déséquilibres physiologiques pour retrouver la santé. Son objectif était simple : trouver comment stimuler cette sagesse innée de l'organisme grâce à des interventions extrêmement subtiles et avec le moins d'effets secondaires possible. Tous les médecins, « obsolètes » ou modernes, sont d'accord sur cet objectif. La médecine contemporaine appelle ce retour à l'équilibre l'« homéostasie ». Même si cela paraît plus scientifique, ce n'est rien d'autre qu'un grand mot pour dire la même chose.

La vraie question pour la médecine du XXIe siècle est donc de savoir comment stimuler au mieux nos mécanismes d'autoguérison. Tous les praticiens homéopathes s'accordent à constater qu'il est indispensable de connaître en détail l'histoire du patient pour choisir le remède le plus approprié. Ainsi votre médecin cherche-t-il à savoir comment vous dormez, mangez, aimez. Qui vous fait rentrer dans votre

---

1. Roberts, A.H., et coll., « The power of nonspecific effects in healing : implications for psychosocial and biological treatments », *in Clinical Psychology Review*, 1993.

coquille, et qui ouvre votre cœur ; qui, dans votre enfance, a été un modèle pour vous, et qui a limité l'essor de votre âme.

Ce qui vous fait du mal, et ce qui vous fait plaisir. Si vous savez pleurer quand vous êtes triste, et rire quand vous êtes heureux... Et lorsqu'il vous a fait parler de tout cela, et qu'il choisit, avec réflexion et mesure, avec respect, un remède précis parmi plusieurs centaines, il a touché au plus profond de votre personne. Il a rendu visite au lieu un peu mystérieux où se joue l'équilibre de la physiologie, où se déclenchent, ou non, les mécanismes d'autoguérison. Le Dr David Reilly dirige le nouvel hôpital homéopathique de Glasgow, en Écosse. Selon lui, c'est avant tout l'importance que l'homéopathie accorde à la relation médecin-malade qui la rend efficace dans la pratique clinique. Or cette importance disparaît de plus en plus de la médecine technicienne qui, elle, ne croit plus qu'au médicament.

Ce qui me fait peur, c'est qu'en statuant – avec raison – sur le fait que les remèdes homéopathiques ne sont pas des médicaments, on oublie que les médicaments, eux, ne sont pas la médecine. La médecine a toujours été bien plus riche que ce qui tient dans une pilule. Deux cents ans de pratique de l'homéopathie ont contribué fantastiquement à cette richesse. L'enjeu de la recherche au XXIe siècle sera de découvrir avec plus de précision comment déclencher la sagesse innée du corps et de l'esprit. Personne n'a jamais dit, et surtout pas Hahnemann, que l'homéopathie était une réponse définitive. C'était le début d'un effort visionnaire. Il revient à la science moderne de le poursuivre aujourd'hui.

Octobre 2004

La musique aussi soigne

Tous ceux qui étaient assis en cercle se retrouvaient régulièrement parce qu'ils souffraient. Certains avaient un cœur défaillant, d'autres une sclérose en plaques. Marc, lui, avait 12 ans, et son visage déformé trahissait son autisme et son retard mental. Ici, ils pouvaient parler de ce qu'ils ressentaient. Ici, ils pouvaient écouter les autres pour leur offrir un peu de cette présence humaine dont ils manquaient souvent si cruellement. Ce soir, pourtant, ils ne savaient pas comment parler de ce qui venait d'arriver : Paul était mort d'une énième crise d'asthme, plus sévère que les autres. Ses éclats de rire ne viendraient plus jamais baigner le groupe de leur chaleur. Leurs visages étaient fermés, leurs regards s'évitaient. Seules passaient la tristesse et l'impuissance. Malgré tous les efforts de Jackie, l'infirmière qui animait le groupe, les mots ne venaient pas.

Jackie raconta alors que, dans certaines cultures, quand on est triste et que l'on souhaite être en communion avec les autres mais que l'on n'arrive pas à parler, on s'assied simplement en cercle pour jouer de la musique en rythme. Chacun prit alors un des tambours djembés qui se trouvaient dans la salle. Jackie commença à frapper doucement son instrument, les autres l'imitèrent. Poum-poum-tac, poum-poum-tac, poum-poum-tac... Peu à peu, le rythme les

143

entraîna. Marc avait du mal à rester synchrone avec les autres et il jeta un regard inquiet à Jackie. Elle l'encouragea d'un sourire et il se concentra à nouveau comme il pouvait, en tirant la langue. Jackie ralentissait, accélérait, tout le monde la suivait. Elle donna une indication à quelques-uns, qui se mirent à jouer à contretemps.

Le rythme était soudain devenu musique. Chacun jouait sa partie, mais la musique ne venait de personne en particulier. Chacun était porté par elle autant qu'il la portait. Des larmes se mirent à couler. Karin, d'abord, dans sa chaise roulante, qui se souvenait combien Paul avait aimé jouer ainsi avec eux. Les autres, ensuite... Les visages étaient mouillés de larmes, les instruments aussi, mais le rythme continuait de les porter. Ils se sentaient ensemble. Ensemble et avec Paul. C'étaient des larmes de tristesse et de deuil, mais aussi de connexion et de lien. Henri commença à sourire. Puis d'autres. Le rythme s'accéléra. Il y avait de la force, de l'énergie dans cet échange. Marc avait trouvé sa place. Ses mains étaient devenues plus rapides. Un grand sourire éclairait son visage. Les autres étaient heureux de le voir ainsi. En vingt minutes, quelque chose de profond avait changé. La tristesse avait fait place à l'espoir.

Les cercles de rythme – tam-tams, djembés, tambours – existent depuis des millénaires. Ils font partie des grandes traditions chamaniques, qui soignent en passant par l'esprit et les émotions, qui ont accès au corps et à ses mécanismes subtils d'autoguérison. Dans une étude récente[1], le Dr Barry Bittman, aux États-Unis, a démontré que la participation à un cercle de rythme joue sur notre physiologie : le cortisol est en baisse, la DHEA, en hausse. Surtout, l'activité des cellules naturelles tueuses (ces globules blancs qui éliminent les cellules cancéreuses autant que les virus et les bactéries) augmente

---

1. *In Alternative Therapies in Health & Medicine*, 2001, n° 7, p. 38-47.

notablement. On savait que l'activité des cellules tueuses était diminuée par le stress chronique (la maladie grave d'un proche, un divorce, ou même une période d'examens) et qu'elle était accrue par l'affection, le rire ou l'exercice physique. Mais on n'avait jamais montré que le simple fait de se sentir relié aux autres à travers la musique pouvait influer à ce point sur notre système immunitaire.

Pythagore encourageait déjà ses contemporains à jouer de la musique ou à chanter un peu chaque jour pour purger le corps des inquiétudes chroniques, de la tristesse, de la peur, de la colère. Comme lui, je suis persuadé que toute activité qui nous permet d'accéder à la musique en nous, à la jouer et à la partager avec d'autres, doit pouvoir activer les ressorts profonds de notre physiologie. Il peut s'agir d'une chorale, ou d'un groupe de parole où nous nous sentons libres de nous montrer tels que nous sommes, avec nos peurs et nos vulnérabilités. Il appartient à chacun de nous d'aller trouver cette musique et ceux avec qui nous pouvons la partager. C'est toute notre physiologie qui en dépend.

Novembre 2004

Ados : un cerveau... immature !

À 18 ans, Benoît emprunte la voiture de son père pour partir en vacances avec des amis. À 2 heures du matin, il roule à 180 km/h sur une route de campagne, la musique pulse dans tout son corps, le marquage blanc de la route défile comme dans un jeu vidéo. Derrière lui, les filles se sont endormies, la tête posée sur l'épaule de leur copain. La vitesse, la musique, les copains, les filles...

Benoît a un sentiment de contrôle total, de moment parfait. Puis un virage trop serré qu'il ne voit pas arriver. La voiture file tout droit, plonge au-dessus d'un fossé et s'écrase contre un arbre. Personne n'est blessé, mais c'est un miracle. Henri, son père, est consterné : comment Benoît a-t-il pu prendre de tels risques ?

Florence harangue sa fille de 15 ans pour la énième fois : « Qu'est-ce que tu fais encore au téléphone ? Nous étions d'accord : tu n'appelais tes copines qu'après avoir fait tes devoirs ! » Nadia hausse les épaules et marmonne en triturant l'anneau qui lui traverse le nombril. En sortant de la chambre de sa fille, Florence se sent une fois de plus impuissante et désemparée. N'y a-t-il pas moyen de lui faire comprendre ce qui est important pour elle ?

Goût du risque, recherche de sensations fortes, incapacité à se motiver pour ce qui est important, soumission irréfléchie au groupe de copains, accès de colère... Mais que se passe-t-il donc dans la tête des adolescents ? Une nouvelle génération de chercheurs en neurosciences se pose la question : leur cerveau est-il bien le même que celui des adultes ? Et la réponse est surprenante : absolument pas !

Depuis Jean Piaget, épistémologue et psychologue suisse (1896-1980), on pensait que le développement du cerveau et de ses fonctions était à peu près terminé vers l'âge de 12 ans. À ce moment-là, en effet, le cerveau a atteint sa taille définitive. Mais l'amélioration des techniques d'imagerie cérébrale prouve aujourd'hui que la maturation du cerveau est incomplète jusqu'à 20, voire 25 ans...

Le cortex préfrontal – celui qui donne à l'humain son front bombé qui le distingue des grands singes – est responsable du contrôle de nos pulsions et de notre capacité à nous projeter dans l'avenir. Or, selon le Dr Jay Giedd, de l'Institut de la santé américain, à Washington, le « câblage » de sa substance blanche – la gaine des neurones qui assurent une conduction fiable des influx nerveux – n'arrive pas à maturité avant l'âge de 20 ans en moyenne[1].

Dès la puberté en revanche, vers 12 ans, les ovaires et les testicules commencent à fonctionner à plein régime. Les hormones qu'ils libèrent dans la circulation baignent les neurones du cerveau émotionnel et stimulent le besoin de s'affirmer, d'être pris au sérieux, de découvrir ce qui existe au-delà des frontières familiales et de tester son appartenance au groupe.

―――――――――

1. J. N. Giedd et coll., « Brain development during childhood and adolescence : a longitudinal MRI study », *in Nature Neuroscience*, 1999.

Ados : un cerveau... immature !

Il y a donc un décalage entre la maturation hormonale, qui pousse les enfants à prendre des risques, et la maturation de la région du cerveau, qui pourrait leur permettre de réfléchir avant de se lancer... C'est sans doute l'une des raisons pour lesquelles les deux premières causes de mortalité chez les adolescents sont les accidents et le suicide.

D'après Laurence Steinberg, professeur de psychologie à l'université de Temple, à Philadelphie, cette séquence « hormones-d'abord, cortex-frontal-ensuite » pourrait être comparée à une voiture que l'on démarre et que l'on met entre les mains de quelqu'un qui ne sait pas encore conduire[1]. D'ailleurs, si la science a mis longtemps à reconnaître cette étape tardive dans la maturation du cerveau, les compagnies de location de voitures, elles, ne s'y sont pas trompées : la plupart ne louent pas de voitures aux moins de 25 ans...

Alors, comment aider nos enfants à traverser cette période délicate ? Pour les aider à compenser leur manque de contrôle, il faut pouvoir les guider en leur offrant des activités structurées (heures de devoirs, périodes de repas, périodes de sport, périodes de télévision ou de jeux). Il faut aussi pouvoir parler avec eux des sujets délicats : déceptions en amitié ou en amour, sorties, alcool, drogues, etc.

Mais, justement, ce dont les adolescents se plaignent le plus, c'est d'être constamment houspillés par leurs parents qui leur répètent les mêmes injonctions à longueur de temps ; ce à quoi ils répondent en se retirant dans le silence ou la bouderie. Avant de leur parler, il faut donc savoir les écouter. Une étude de l'université de l'Illinois suggère que plus les adolescents se sentent écoutés par leurs parents, plus ils sont réceptifs à ce qu'on leur dit[2].

---

1. « Examining the teen brain », *in Time Magazine*, 5 mai 2004.
2. J. P. Caughlin et R. S. Malis, « Demand/withdraw communication between parents and adolescents : Connections with self-esteem and substance use », *in Journal of Social & Personal Relationships*, 2004.

Notre corps aime la vérité

Il faudrait donc commencer par s'ouvrir à ce qui les préoccupe eux, plutôt que de se concentrer sur ce qui nous inquiète nous. Et il n'y aura pas de court-circuit à la recette de toutes les relations importantes de notre vie : une bonne dose de patience et d'amour...

Décembre 2004

Comment mesurer le temps du deuil ?

Lynne est en souffrance et demande de l'aide. L'histoire qu'elle raconte est tragique : un soir, vers 18 heures, son bébé de 10 mois a de la fièvre, il semble vraiment mal. Au téléphone, après quelques questions rapides et précises, le pédiatre la rassure : « Ça n'a pas l'air si grave. Un peu de paracétamol pour la nuit, on verra demain matin. » 23 heures. Il ne va pas mieux, Lynne a du mal à lui faire ouvrir les yeux. Malgré l'heure tardive, elle décide d'appeler le pédiatre chez lui. Visiblement irrité d'être dérangé à la maison, il lui répond sèchement que rien de significatif ne semble avoir changé. Qu'elle redonne un peu de paracétamol et il la verra le lendemain matin à son cabinet, à 9 heures. Pas vraiment rassurée, Lynne renonce à se coucher et s'installe dans un fauteuil du salon pour surveiller son fils. Il est blotti contre sa poitrine, elle lui caresse le dos, sent son souffle trop chaud dans son cou. 5 heures du matin. Elle se réveille en sursaut, furieuse de s'être assoupie. Dans ses bras, elle découvre son enfant mort.

Depuis, Lynne ne dort presque plus. Le rare sommeil qu'elle trouve est souvent agité de cauchemars. Le jour, des images de cette dernière nuit avec son fils la hantent, lui serrent la gorge et le ventre. Elle s'accuse d'avoir été une

151

mauvaise mère – pourquoi ne l'a-t-elle pas emmené à l'hôpital malgré l'avis contraire du pédiatre ? –, elle se sent incapable de vivre avec cette douleur. Parfois, elle sent la main de son fils dans la sienne, sa respiration sur son visage. Elle a peur de devenir folle et finit par consulter une thérapeute.

Le diagnostic est aisé : il s'agit d'un deuil traumatique. La réponse l'est moins. Si Lynne souffrait ainsi depuis deux ans, personne n'hésiterait à la soigner pour l'aider à surmonter sa douleur et recommencer à vivre. Si cela ne faisait que six mois, d'aucuns s'interrogeraient : a-t-elle souffert assez longtemps ? Et si cela ne faisait que trois mois ? Dans le cas de Lynne, cela ne faisait que trois semaines. Fallait-il la renvoyer chez elle avec sa souffrance ? « Désolée, madame. Ce que vous vivez est une réaction de deuil, il faut laisser le temps faire son œuvre. Vous n'avez pas souffert assez longtemps pour que je vous aide. Revenez me voir quand votre douleur aura duré au moins six mois... »

Qui doit décider de la durée de la souffrance d'autrui ? On sait aujourd'hui que moins de huit séances d'EMDR[1] : utilisant les mouvements oculaires rapides, cette technique permet d'atténuer des souvenirs traumatiques en les remplaçant par des images et des pensées nouvelles permettent de soulager les symptômes du deuil traumatique dans plus de 80 % des cas[2]. Pourquoi en priver celui qui souffre ? Un thérapeute a-t-il moralement le droit de refuser de traiter celui qui demande de l'aide ?

Les patients qui ont perdu un être aimé ont souvent le sentiment que leur souffrance est une façon d'honorer son souvenir. Mais, après quelques semaines, qu'aurait souhaité le fils de Lynne pour sa mère ? À la fin de ses séances

---

1. *Cf.* note 1, p. 48.
2. G. Sprang, *in Research on Social Work Practice*, 2001. Et S. Wilson, L. Becker et R. Tinker, *in Journal of Consulting and Clinical Psychology*, 1997.

d'EMDR, c'est Lynne elle-même qui a trouvé la réponse : « Je ne suis plus bloquée sur les images horribles de cette dernière soirée avec lui. Ce que je revois, ce sont tous nos moments de tendresse et de douceur. Je suis reconnaissante pour tout ce qu'il m'a apporté avant de partir. » Puis elle met la main sur sa poitrine : « Il est en paix maintenant, et je sens sa présence dans mon cœur. Je ne l'oublierai jamais, il sera toujours là avec moi. Ma vie peut continuer... » Fallait-il attendre six mois ?

Février 2005

Apprendre à parler à son corps

Laissez-vous guider par vos sensations. Vous êtes dans votre cuisine, au printemps. Laissez-vous aller à imaginer l'heure de la journée, la cuisinière, l'évier, les placards. Vous entendez peut-être le frémissement discret du réfrigérateur. Sur la table, votre attention se porte sur une belle orange. Grosse, gorgée de jus, elle repose sur la planche à découper. Vous la prenez dans la main et sentez son poids, la texture de sa peau brillante, la finesse de ses petites crevasses régulières. Avec un couteau aiguisé, coupez délicatement un large quartier. Remarquez le jus sucré et parfumé qui perle et s'écoule sur la planche. Notez aussi le blanc brillant de la pulpe qui contraste avec l'orange de la chair. Maintenant, imaginez que vous portez ce quartier à votre bouche, et sentez la fraîcheur de son parfum. Vous commencez à saliver et vous mordez doucement dans la chair qui libère son jus doux et acide dans votre bouche.

Vous venez de faire l'« exercice de l'orange juteuse ». Il fait saliver presque tous ceux qui s'y prêtent. C'est un classique des cours d'introduction à l'imagerie mentale, une technique d'hypnose modernisée, destinée à faciliter le contrôle des fonctions du corps. La simple évocation d'images suffit à déclencher une réponse physiologique sur laquelle votre volonté, pourtant, ne saurait pas agir. Dans ce cas, il s'agit du flot de la salive, mais il est possible d'agir sur bien d'autres fonctions, comme la motilité de l'intestin ou la coagulation du sang[1].

Les organes qui régissent notre santé – le cœur, les vaisseaux, l'intestin, les glandes qui sécrètent les hormones, etc. – sont soumis à l'influence d'une partie du système nerveux que l'on dit autonome, précisément parce qu'elle n'est pas sous l'emprise consciente de notre volonté. En revanche, ils réagissent au quart de tour à nos émotions et à... notre imagination ! Les images, les histoires, les rêves agissent facilement sur notre physiologie. Les grandes traditions médicales (avant la nôtre) l'ont compris et sont devenues expertes dans l'accès au corps par l'imaginaire. Au point, pour certaines, de l'utiliser comme l'intervention principale de leur système de soins[2].

Les études modernes ont confirmé que l'on peut, par exemple, réduire les saignements de 30 % pendant un acte chirurgical, en laissant le patient imaginer qu'il contrôle les valves de petits robinets par lesquels afflue le sang dans la région ouverte[3]. Il est possible, aussi, de faciliter le passage de l'air dans des bronches obstruées par l'asthme en faisant imaginer au patient un aspirateur miniature qui nettoie les tubules bouchés ; ou de réduire la douleur et la durée de l'accouchement en faisant imaginer les contractions comme des vagues bien intentionnées qui amènent, une à une, un précieux petit bateau au port.

---

1. D. S. Sobel et R. Ornstein, « Rx imagery : how to use your imagination to improve your health », *in The Healthy Mind, Healthy Body Handbook*, DRX, 1996, Los Altos, CA.

2. J.-P. Barou et S. Crossman, *Les Clés de la santé indigène*, Balland, 2004. Une enquête sur les médecines tibétaine, navajo et aborigène, par deux spécialistes de ces civilisations.

3. H. Bennett, D. Benson et D. Kuiken, *Anesthesiology*, 1986, vol. 65, p. A245.

Le secret du langage du corps est simple : que ce soit un thérapeute qui le fasse ou que l'on apprenne soi-même à se parler, il faut éviter tous les mots compliqués ou abstraits qui demandent un effort de compréhension. Au contraire, il faut utiliser des scènes concrètes, simples, comme si l'on racontait une histoire à un enfant de 4 ans, où tout se passe en images. C'est par les sens – l'évocation d'images, de sons, de parfums – que l'on peut pénétrer dans l'imaginaire du corps et influer sur lui. On peut parfois même commencer un dialogue avec lui. Je me souviens de Jenny, une directrice commerciale dans la cinquantaine, dont le mari et les enfants étaient très exigeants.

Elle souffrait d'une toux sèche chronique dont la cause n'avait pu être identifiée. Son médecin l'encouragea à imaginer un animal qui vivait là, dans sa gorge. Après quelques minutes, elle vit un petit loup abandonné et malheureux. Lorsque le médecin lui demanda de quoi le loup avait besoin, elle répondit : « Que l'on s'occupe de lui. » Ce que cette femme n'arrivait pas à s'avouer, l'image du petit loup l'exprimait en toute liberté. « Et que lui faut-il pour se sentir plus apprécié ? » Elle se mit à répondre comme si elle parlait en leur nom, à lui et à elle : « Que l'on s'amuse plus, que l'on prenne du temps pour soi sans que l'on ne nous demande rien, que l'on sorte avec des amis, que l'on nous caresse plus souvent, même si ce n'est qu'un massage ou un shampoing au salon de coiffure. Rien de bien inaccessible ! » La patiente éclata de rire. Le petit loup se sentit rassuré, et la toux se calma. Magie ? Illusion ? Ou simple effort de parler un langage que le corps peut comprendre ?

Mars 2005

Sommes-nous vraiment indifférents ?

Un samedi soir dans le métro. Étienne et Sophie vont dîner chez des amis. En s'asseyant dans le wagon, ils découvrent à leurs pieds un corps en boule, inanimé. Un clochard. Comment a-t-il fini là ? Depuis combien de temps gît-il comme ça ? Est-il mort ? Ils regardent autour d'eux : personne ne bouge, personne ne regarde ce corps dont on ne sait trop que faire. Mieux vaut donc ne pas le voir. Étienne et Sophie non plus ne savent pas quoi faire.

Dans une étude des années 1970, de jeunes séminaristes chrétiens avaient pour mission d'aller donner un cours sur la parabole du Bon Samaritain (Évangile selon saint Luc, X). Pour qu'ils soient aussi pressés par le temps que l'étaient le prêtre et le lévite de l'histoire, le plan d'accès à leur salle les faisait – volontairement – arriver à l'heure juste. Dans le dernier escalier avait été posté un corps inanimé. Plus de la moitié des séminaristes ne se sont pas arrêtés pour lui porter secours, ou au moins pour vérifier s'il était encore vivant... Sans doute ont-ils jugé plus important de porter la bonne parole que d'aider l'un de ces innombrables malheureux[1].

---

1. J. M. Darley et C. D. Batson, « "From Jerusalem to Jericho" : a study of situational and dispositional variables in helping behavior », *in Journal of Personality and Social Psychology*, 1973, 27, 100-108.

L'indifférence est bien compréhensible. Comme ces séminaristes, comme le prêtre et le lévite de la parabole, comme le Bon Samaritain lui-même, nous sommes tous toujours en chemin vers quelque chose d'important : un rendez-vous, un film, des enfants qui sortent de l'école, un cours à donner... Nous sommes tous pris dans un réseau de contraintes qui tolère mal l'imprévu, surtout l'imprévu d'un autre, surtout l'imprévu d'un inconnu.

Et puis, qui sommes-nous pour prétendre aider ? Nous ne sommes pas des « spécialistes », ni agents de sécurité de la RATP, ni policiers, ni pompiers, ni médecins du Samu... Se pencher sur cet homme, ne serait-ce pas se mêler de ce qui ne nous regarde pas ? Et que pourrions-nous faire d'utile pour lui ? Nous oscillons entre impuissance et découragement. Ce n'est pas le premier SDF, ni le dernier, qui se retrouve par terre dans le métro. Pourquoi risquer d'arriver en retard alors que ce cas n'est qu'une goutte d'eau de plus dans un océan de misère humaine auquel nous ne pouvons rien changer ?

Étienne regarde à nouveau cette forme humaine qui a perdu toute dignité. Du bonnet en acrylique dépasse une oreille, les joues sont pâles et creuses, les mains gercées et gonflées. Il jette un coup d'œil autour de lui. Personne ne regarde dans leur direction. Son indifférence à lui, tout le wagon semble la partager. Soudain, sans trop savoir pourquoi, il se penche sur le visage blême, pose sa main sur la main inerte, parle doucement : « Monsieur... qu'est-ce qui se passe ? Vous avez besoin d'aide ? » Après quelques secondes, le corps murmure, sans ouvrir les yeux : « Je n'ai pas mangé depuis trois jours. Je n'ai plus de force... » Il sent l'alcool. Étienne sait ce que ça fait de boire le ventre vide : « Vous avez la tête qui tourne ? Vous voulez que j'appelle quelqu'un ? »

Déjà, le jeune homme assis en face d'Étienne s'est levé, il vient se pencher. « Je peux faire quelque chose ? » Une femme s'approche : « Si on l'aidait ensemble à sortir à la prochaine station ? Là-bas, on pourrait appeler quelqu'un. » Tous les regards sont maintenant sur la scène. Presque désolés de ne pas contribuer, eux aussi, à soulager ce morceau de souffrance ; de ne pas participer à ce qu'ils auraient tous voulu faire, mais n'avaient pas fait, retenus par les multiples filins des bonnes – et des mauvaises – raisons.

À plusieurs, ils ont porté l'homme sur le quai, tandis qu'un voyageur activait la sonnette de la RATP pour appeler le service de sécurité puis faire venir les pompiers. Plusieurs personnes sont descendues du wagon afin de s'assurer que tout irait bien pour ce malheureux. Pendant ces quelques minutes, il est entré dans leur monde, dans leurs préoccupations. Une jeune fille lui offre une cigarette, une autre lui fait la conversation. Comment est-on passé si vite de l'indifférence la plus totale à tant d'attention ?

Étienne et Sophie sont arrivés un peu en retard à leur dîner. Le cœur léger. Comme si cet homme leur avait fait un cadeau. Celui de se sentir un peu plus humains et, surtout, de voir qu'il suffit de peu pour réveiller l'humanité de chacun. Qu'il suffit, le plus souvent, de se le permettre. Se permettre de ne pas être indifférent...

Mai 2005

Une nouvelle psychologie positive

L'austère président de l'Association américaine de psychologie fait un constat amer devant tous ses collègues : à 60 ans et au sommet d'une des carrières les plus brillantes de sa génération, c'est sa fille de 5 ans qui lui a rappelé ce à quoi la psychologie scientifique aurait dû se consacrer depuis un demi-siècle. Ensemble dans le jardin, ils arrachaient les mauvaises herbes. Au lieu de se concentrer comme lui sur la tâche, la petite Nikki jetait les herbes en l'air, chantait et dansait. Habitué au travail ordonné et précis, le professeur se tourna vers sa fille et la gronda en élevant la voix. Elle partit en pleurant. Mais elle revint quelques minutes plus tard : « Papa, je voudrais te parler. » « Oui, Nikki ? » « Papa, tu te souviens comment je pleurnichais tout le temps quand j'avais 4 ans ? À 5 ans, j'ai décidé d'arrêter. C'est une des choses les plus difficiles que j'ai faites. Si j'ai pu arrêter de pleurnicher, tu peux sûrement arrêter de râler tout le temps. »

À cet instant, qu'il décrit comme une « épiphanie », Martin Seligman a compris une chose essentielle : que l'on pouvait passer à côté de la vie si l'on n'entraînait pas son esprit à percevoir ce qu'il y a de gratifiant et de joyeux plutôt que se concentrer seulement sur les difficultés. Et que le rôle central de la psychologie scientifique devrait être d'aider chacun à trouver cet équilibre vers le positif, comme Nikki l'avait fait d'elle-même[1].

Depuis la naissance de la psychologie moderne, il y a cent ans, la définition de la « santé mentale » s'est limitée à la « réduction des troubles neuropsychiatriques ». Il y a encore dix ans, 90 % des articles scientifiques en psychologie étaient consacrés aux troubles comme l'angoisse et la dépression. La psychiatrie biologique conçoit la sérénité comme un fragile équilibre de neurotransmetteurs toujours prêt à se dérégler. Dans cette psychologie classique, l'individu n'est que la résultante de conflits de l'enfance, d'instincts malsains plus ou moins jugulés et de forces biologiques qu'il ne contrôle pas.

La nouvelle psychologie annoncée par Seligman est tout autre. Il ne s'agit plus d'aider les gens à passer de − 5 à 0 sur l'échelle de satisfaction, mais de permettre à chacun de passer de 0 à + 5.

La « psychologie positive » est révolutionnaire en ce qu'elle s'intéresse à ce qui rend les gens heureux. Son objectif est de développer la capacité d'aimer et d'être aimé, de donner du sens à nos actions, d'être responsables de ce que nous pouvons changer, d'être résilients face à ce que nous ne pouvons pas éviter. Le programme de recherche international sur la capacité des moines tibétains à se remplir d'émotions positives est une belle illustration de cette nouvelle psychologie. Par la pratique, ils peuvent radicalement transformer l'état de leur cerveau vers plus de sérénité et de compassion. Ils montrent qu'il est donc possible d'entraîner le cerveau vers un bonheur hors norme[2]...

---

1. M. E. P. Seligman et M. Csikszentmihalyi, « Positive psychology : an introduction », *in American Psychologist*, vol. 55, janvier 2000.

2. A. Lutz, L. L. Greischar et coll., « Long-term meditators self-induce high-amplitude gamma synchrony during mental practice, proceedings of the national », *in Academy of Sciences of the United States of America*, 2004, 101, 16369-16373.

Une nouvelle psychologie positive

Pour ceux d'entre nous qui ne seront jamais moines, les premières grandes études de la psychologie positive ouvrent des perspectives plus facilement praticables : elles nous demandent, par exemple, de noter dans un journal (au moins une fois par semaine) les événements les plus positifs que nous avons vécus et comment nous y avons contribué. Après seulement six semaines (à peu près le même temps que celui nécessaire à l'action d'un antidépresseur...), la satisfaction que nous procure notre vie s'est considérablement améliorée[1].

Un des résultats les plus solides de la psychologie positive est l'importance démontrée de notre connexion aux autres. Mihaly Csikszentmihalyi – le spécialiste des expériences optimales – remarque que « les gens sont le plus heureux lorsqu'ils sont en compagnie d'autres êtres humains. Le pire à se souhaiter est de rentrer seul à la maison sans rien à faire de particulier, et c'est précisément ce qu'une grande partie des gens croit désirer le plus[2] ! » La simple poursuite du « plaisir », selon Seligman, ne conduit pas à un bien-être durable. Ce qui construit le bonheur, ce serait « l'engagement » – dans une relation amoureuse, une famille, un travail, une communauté – ou « donner du sens à son action » : se servir de ce que l'on a de mieux en soi pour contribuer au bien-être des autres.

Mais le message le plus important de la nouvelle psychologie reste sans doute l'enseignement de Nikki : nous avons tous en nous une aptitude naturelle au bonheur et, dans une large mesure, il nous appartient de décider si nous allons, ou non, lui donner sa chance.

Juin 2005

---

1. R. A. Emmons et M. E. McCullough, « Counting blessings versus burdens : an experimental investigation of gratitude and subjective well-being », *in Daily Life*, *Journal of Personality & Social Psychology*, 2003, 84 (2), 377-389.

2. C. Wallis, « The new science of happiness », *in Time*, 7 février 2005, 39-44.

Élever un enfant : la meilleure thérapie

Désemparée, Catherine regarde sa fille fondre en larmes. Elle avait cru bien faire en lui prenant sa poterie des mains pour la terminer à temps avant que l'animateur ne passe à la tâche suivante. Maintenant, elle a envie de lui dire : « Arrête donc de pleurnicher comme ça ! » Mais croyant entendre sa propre mère, Catherine se contrôle : ce genre de propos ne l'avait jamais aidée, elle, lorsqu'elle était enfant. Et elle comprend que c'est sa propre anxiété face au jugement de l'animateur qui l'a fait réagir de la sorte. Et donc gâcher le plaisir qu'elles ont eu à venir ensemble à cet atelier de vacances, quand sa fille se réjouissait simplement de jouer avec la glaise sur les genoux de sa maman.

Quel parent n'a pas eu à gérer la colère cataclysmique de son tout-petit au supermarché ? À se rendre disponible à minuit pour calmer les pleurs inconsolables de son adolescente partagée entre être loyale à sa meilleure amie et sortir avec le petit copain de celle-ci ? Et pourtant, confrontés à ces situations impossibles, nous avons trouvé en nous des ressources insoupçonnées ; nous avons dépassé nos limites et nous en sommes sortis grandis.

Si je devais définir une psychothérapie réussie, je dirais que c'est celle qui nous a permis précisément cela : découvrir nos ressources, nous dépasser dans notre capacité à reconnaître nos émotions et à les gérer, mais aussi apprendre à reconnaître et à gérer les émotions des autres. Car, en matière d'apprentissage, la relation que nous entretenons avec nos enfants est impitoyable. Dans presque toutes les autres relations, nous pouvons nous échapper : en démissionnant d'un poste devenu insupportable, en quittant un compagnon de vie, en refusant de rendre visite à un frère ou à une mère qui nous fait trop souffrir. Mais nos enfants ? Ils s'imposent totalement à nous. Ils ne se satisfont pas d'un e-mail de temps en temps, ou d'un coup de téléphone par semaine. Il faut du face-à-face, et beaucoup. Il faut anticiper leurs besoins, il faut développer notre empathie, il faut réorganiser nos emplois du temps, il faut accepter qu'ils nous remettent en cause, qu'ils nous testent... Et c'est sans issue. Nous devons apprendre.

Outre nos émotions qui, sous l'influence des enfants, deviennent plus matures, notre cerveau de parent se développe différemment. On sait depuis seulement quelques années que le cerveau adulte continue de créer des neurones sans arrêt. Et plus il est stimulé par des expériences nouvelles et par des émotions qui obligent au dépassement, plus ces cellules se développent. Peu de circonstances de la vie stimulent autant que l'éducation d'un enfant. Non seulement le rythme de croissance de nouveaux neurones est accéléré mais des hormones particulières – comme l'ocytocine – viennent augmenter notre résistance au stress, notre apprentissage et notre capacité à former des liens affectifs[1]. Les fonctions d'apprentissage seraient, elles aussi, améliorées : à l'université américaine de Virginie, des chercheurs ont montré que les mamans rates deviennent remarquablement efficaces dans

---

1. C. S. Carter, M. Altemus, « Integrative functions of lactational hormones in social behavior and stress management », *in* C. S. Carter, Lederhendler II, B. Kirkpatrick, eds, *The Integrative Neurobiology of Affiliation*, New York : Annals of the New York Academy of Sciences, 1997.

leur gestion du temps et leur capacité à retrouver les meilleures sources de nourriture dans un labyrinthe[1]... Quant au Dr Merzenich, de l'université de Californie de San Francisco, il décrit le fait de devenir parent comme une « révolution pour le cerveau[2] ».

Une amie, qui travaille dans un grand magazine, me disait récemment qu'elle avait remarqué depuis longtemps que ses collaborateurs « parents » étaient plus « faciles » que les autres. Peut-être parce que leur cerveau et eux-mêmes avaient été forcés d'apprendre à mieux accepter les besoins des autres. Peut-être que la vie leur avait fait faire la meilleure des thérapies...

Juillet 2005

---

1. C. Kinsley, L. Madonia, G. Gifford et coll., « Motherhood improves learning and memory, neural activity in rats is enhanced by pregnancy and the demands of rearing offspring », *in Nature*, 1999, 402 : 137.

2. K. Ellison, « This is your brain on motherhood », *in The New York Times*, 8 mai 2005.

Le cerveau de l'indépendance

Peter est dans une salle d'attente. Une fumée semble provenir d'une bouche d'aération. Il regarde les personnes autour de lui : aucune d'entre elles ne semble la remarquer. Peter se replonge dans sa lecture. Mais, maintenant, il sent une odeur de brûlé. Il lève à nouveau la tête : aucune réaction autour de lui, chacun lit tranquillement son magazine. Peter se dit que cette odeur n'est pas si forte, et retourne à sa lecture. Dans cette expérience, ses compagnons de salle étaient des acteurs payés pour ne pas réagir. Devant leur stoïcisme feint, il faudra à Peter dix minutes et une fumée étouffante avant de sortir de la pièce pour signaler que quelque chose ne va pas... Un groupe peut-il nous faire croire n'importe quoi, y compris qu'un feu qui nous menace n'existe pas ?

Dans une expérience encore plus simple datant des années 1950, Solomon Asch, de l'université Carnegie-Mellon, à Pittsburgh, aux États-Unis, demandait à des étudiants de comparer la taille de quelques lignes tracées sur une feuille de papier : plus grandes ou plus petites ? Une tâche qu'un enfant de 5 ans peut accomplir sans difficulté. Mais avant qu'ils ne décident, on leur donnait la réponse d'un groupe de sept de leurs camarades. Et, dans certains cas, le

171

groupe donnait exprès une réponse unanime... mais fausse. À la stupéfaction des chercheurs, les trois quarts des sujets ont choisi au moins une fois de donner la même réponse que le groupe, alors qu'elle était évidemment fausse. Et la moitié du temps, un sujet sur quatre se conformait au consensus faux[1] ! Le Dr Solomon Asch est mort en 1996, il s'est demandé toute sa vie ce qui pouvait bien expliquer cette incroyable abdication des humains devant les mauvais choix de leurs congénères.

La réponse vient peut-être d'être trouvée grâce à l'imagerie cérébrale fonctionnelle. À l'université Emory d'Atlanta, aux États-Unis, Greg Berns a regardé ce qui se passe dans le cerveau au moment où l'on décide de « faire comme tout le monde ». Lorsque la personne dans le scanner apprend ce qu'un groupe a choisi de façon unanime, c'est la perception même de l'objet qui est modifiée ! L'activité des aires sensorielles, qui mesurent, jaugent, évaluent les objets extérieurs, est modifiée par le jugement du groupe, même si celui-ci se trompe clairement. Tout se passe comme si le sujet de l'expérience ne voyait plus la réalité telle qu'elle est, mais la réalité modifiée par l'opinion des autres. La ligne que le groupe dit être plus longue, chaque sujet la verrait, lui aussi, plus longue[2] !

Et lorsque, au lieu de cette plate conformité, le sujet prenait la décision de s'exprimer contre l'avis unanime du groupe, c'était la région de la peur dans son cerveau émotionnel qui était activée. Comme s'il savait qu'il est dangereux d'affirmer l'évidence, de clamer la vérité devant un groupe qui ne la voit pas.

---

1. H. Guetzkow, *Effects of Group Pressure upon the Modification and Distortion of Judgments, in Groups, Leadership and Men, Research in Human Relationships*, Pittsburgh : Carnegie Press, 1951, 177-90.
2. G. Berns, J. Chappelow, C. Zink, G. Pagnoni, M. Martin-Skurski, J. Richards, « Neurobiological correlates of social conformity and independence during mental rotation », *in Biological Psychiatry*, 2005.

Nous ne sommes donc pas totalement en contrôle de ce que nous percevons. Le manteau de l'« empereur nu » existe bel et bien dans le cerveau qui le perçoit, aussi longtemps que tout le monde dit le voir aussi. Quelle responsabilité cela nous donne-t-il ? S'il est si facile pour un groupe d'écraser le jugement de chacun là où il prend naissance, au cœur même de la perception dans le cerveau, chacun de nous se doit d'être d'autant plus vigilant sur ses choix. Pour découvrir, et pour défendre, une « vérité » qui existe hors des conformismes, il ne peut y avoir que le jugement individuel de celui ou celle dont l'intégrité et le courage sont plus forts que la peur du rejet des autres.

C'est l'exemple que nous ont laissé Galilée, Luther, Darwin, Freud, Einstein ou Martin Luther King. Leurs découvertes ou leurs engagements se sont faits, à l'époque, contre l'unanimité de leur milieu. Aujourd'hui, et sans aller jusqu'à changer le monde, nous avons tous besoin de cette intégrité et de ce courage pour orienter notre vie différemment. Comment éviter, sinon, les modèles généralisés d'hyperconsommation ou de relations superficielles qui abondent autour de nous, et nous autoriser à évoluer vers une vie plus épanouissante ?

Septembre 2005

N'étouffez pas vos émotions !

Tom avait très bien réussi... dans la Mafia. Il avait possédé plus de un million de dollars, eu toutes les femmes qu'il avait voulues, côtoyé les hommes les plus importants. Mais à 55 ans, après trente ans d'alcool, de drogues et de crimes, il est venu me voir comme un petit garçon perdu qui voulait retrouver son chemin. Pour « réussir », comme il disait, il avait dû apprendre à étouffer toutes ses émotions. Tom se souvenait du jour où, encore jeune recrue, pour une somme considérable, il avait accepté de trancher l'oreille de son meilleur ami qui n'avait pas payé une dette à ses patrons. Pendant qu'il le clouait sur le canapé de tout son poids, il répétait comme une machine : « Ce n'est pas personnel, Jimmy, c'est juste le boulot. » Rentré chez lui, il s'était ensuite effondré pendant deux jours. Alors, il s'était juré de ne plus jamais pleurer ainsi, « comme une gonzesse ». Il n'avait plus pleuré, et il était monté vite dans la hiérarchie de la « famille ». Mais l'alcool lui était devenu nécessaire chaque soir pour s'endormir, et ses seuls vrais plaisirs ne venaient plus que des prostituées et de la cocaïne, ou des deux à la fois.

Ce n'est qu'à 55 ans, confronté à une immense solitude après avoir perdu le plus gros de son argent, que Tom a commencé à comprendre le pacte faustien qui avait régi sa vie jusque-là : lorsque l'on se coupe de ses émotions pour ne plus sentir le mal que l'on fait aux autres, on ne peut plus ressentir les plaisirs sains, ceux qui nous font grandir. Après quelques mois, à force d'efforts pour pouvoir écouter à nouveau son cœur, Tom a fini par retrouver le goût de vivre : il me décrivait la chaleur – toute neuve pour lui – du sourire d'un enfant, et les larmes versées lorsqu'une jeune femme qu'il avait protégée de la Mafia lui avait dit récemment : « Tom, ce que tu as fait pour moi, aucun homme ne l'a jamais fait. Je ne l'oublierai jamais. » « C'était encore mieux que de gagner cent mille dollars au poker », m'a-t-il confié ce jour-là...

Combien d'entre nous sont tombés dans le même piège que le jeune Tom, parfois sans même s'en rendre compte ? Un cadre des ressources humaines qui n'entend plus le déchirement d'un licenciement et se rassure en se disant que la prime de départ est tout à fait honnête. Un responsable d'une branche pharmaceutique qui distribue dans les pays du Sud un médicament retiré du marché en Europe parce qu'il est trop toxique. Un industriel qui préfère ignorer la pollution engendrée par son nouveau produit... très rentable. Un médecin qui, sous la pression du voisinage, contraint une vieille personne à aller dans une maison de retraite alors qu'elle s'accroche à sa propre maison comme à la vie elle-même. Ou ce parent qui gifle son enfant pour lui « apprendre à grandir »...

Combien sommes-nous à nous être fait violence pour ne pas écouter nos émotions lorsqu'elles nous rappelaient à l'ordre ? Cette attitude a pu nous aider à monter dans la hiérarchie, à être valorisés par notre entreprise ou notre groupe d'amis. Mais nous nous sommes aussi coupés du sens que pouvait avoir notre activité, avec le risque pour nous de « craquer ».

Les grandes avancées sociales ont presque toutes à leur origine la prise de conscience qu'en faisant violence aux autres, nous finissons immanquablement par nous faire du mal à nous-mêmes. C'est la leçon de l'esclavage, comprise seulement au XIXe siècle ; celle de l'aliénation des femmes et celle de la colonisation, comprises seulement au XXe siècle. Pourtant, les raisonnements qui servaient à maintenir ces injustices à l'époque étaient tellement convaincants que leur remise en question a entraîné de grands déchirements sociaux.

Aujourd'hui, de la même façon, nous sommes en train de découvrir comment notre manière de fonctionner, avec nos collègues, avec nos employés, voire avec nos enfants, nous conduit régulièrement à nous couper de notre ressenti. Pourtant, ce n'est qu'au contact de nos émotions que nous pouvons être des individus complets et, surtout, épanouis. C'est la leçon que m'a enseignée Tom. Et j'essaye de l'appliquer chaque jour de ma vie.

Novembre 2005

Ne vous demandez pas « pourquoi », demandez-vous « comment »

Gaëlle connaît bien la dépression, alors les explications de ce psy la laissent perplexe. Il lui propose de ne plus se demander pourquoi elle ressent cette impuissance et cette tristesse, mais « comment » elle la ressent.

Gaëlle se revoit telle qu'elle était lors de sa dernière dépression, assise chez elle tout un dimanche à ne rien faire, les membres lourds, la poitrine serrée, incapable de se motiver pour sortir ou même regarder un film. Dans ces moments-là, elle est envahie par un flux constant de préoccupations et d'autoaccusations : « Si je me sens si mal, c'est parce que j'ai fait trop de mauvais choix, je n'aurais pas dû m'orienter vers le commercial, ce n'est pas fait pour moi, et c'est comme ça que j'ai rencontré ce type qui m'a plaquée, et maintenant, il est peut-être trop tard pour avoir un enfant, et à mon âge, le risque d'avoir un enfant anormal est quatre fois plus élevé... » Les idées noires s'enchaînent, et chacune semble tellement importante, qu'elle mérite effectivement d'accaparer son attention et de prendre le pas sur toute autre activité.

D'ailleurs, quelle activité pourrait bien avoir un sens tant que ces grandes questions de sa vie ne sont pas résolues ? Il lui est arrivé de se laisser distraire de ces idées sombres par des amis. D'aller avec eux au marché, ou faire une balade en rollers. Pendant une heure ou deux, elle se sent un peu plus légère, mais elle replonge le plus souvent dans le même flux sans fin de jugements négatifs et d'interrogations sur elle-même.

Maintenant qu'elle est sortie de sa dernière dépression, et pour éviter la prochaine, elle est venue écouter cet animateur de groupe du département de psychologie de l'université de Louvain, en Belgique[1], qui lui propose une alternative complètement différente : éviter à la fois les ruminations dépressives et les distractions temporaires. Ni combattre ni fuir. Plutôt, chaque fois que les sensations physiques et les idées noires se présentent, prendre la position d'une anthropologue curieuse des habitudes de vie de son propre organisme.

Les instructions sont presque trop simples : « Asseyez-vous le dos droit, sur le bord d'une chaise, mains sur les cuisses, dans une position confortable et digne. Portez votre attention sur les sensations de votre corps, en trouvant une image ou des mots qui décrivent au mieux la nature de ce que vous ressentez. S'il vous vient des idées ou des pensées, observez-en la nature. Laissez-les se dissiper, puis repérez simplement l'idée ou la pensée qui vient à sa suite. Ne les jugez pas "bonnes" ou "mauvaises", notez-les simplement. Quand vous remarquerez que vous vous êtes laissé embarquer par un enchaînement de pensées, ramenez votre attention sur votre respiration et voyez quel nouveau flux de pensée essaie de prendre la place du précédent. Il s'agit uniquement d'apprendre à faire l'expérience consciente de ce qui se passe ici et maintenant pour vous. Ne vous demandez pas pourquoi vous ressentez ce que vous ressentez, ni pourquoi vous pensez ce que vous pensez, concentrez-vous uniquement sur "comment". »

Effectivement, Gaëlle remarque que lorsqu'elle porte son attention sur les sensations physiques de dépression, ou

---

1. Programme disponible sur www.cps-emotions.be.

qu'elle regarde une pensée anxieuse sans la laisser s'emballer, elle se dissipe peu à peu. Elle se rend compte qu'elle « n'est pas sa dépression », mais « à côté d'elle », comme les Indiens navajos qui ne disent pas : « Je suis déprimé », mais : « Mon esprit est accompagné de tristesse[1] » ; « Comment » au lieu de « Pourquoi »... Tellement simple, et pourtant tellement important. Si vous en doutez, imaginez simplement la différence entre un médecin qui vous demanderait : « Pourquoi avez-vous pris trois kilos ? », et celui qui aborderait le même sujet par : « Comment ressentez-vous votre corps maintenant ? » C'est la différence entre le sentiment d'être jugé et celui d'être écouté.

Poser la question de « comment », c'est offrir une forme de bienveillance qui ouvre la porte de l'intimité. À l'université anglaise de Cambridge, le Pr John D. Teasdale a démontré que des patients ayant eu plusieurs épisodes de dépression pouvaient apprendre à développer cette intimité avec eux-mêmes. En leur enseignant cette méthode de méditation – inspirée des pratiques bouddhiques millénaires –, il a montré qu'il était possible de réduire les rechutes de plus de 50 %[2]. C'est un résultat comparable à celui des médicaments antidépresseurs. Bien au-delà de la dépression, nous devons tous apprendre à développer cette bienveillante intimité avec nous-mêmes et avec les autres. Et il nous faut donc commencer simplement en évitant les intimidants « pourquoi » et en faisant confiance à l'intelligence sensible qui répondra à tous nos bienveillants « comment ».

Janvier 2006

---

1. *Enquête sur les savoirs indigènes*, Sylvie Crossman et Jean-Pierre Barou, Calmann-Lévy, 2001.
2. Zindel V. Segal, J. Mark, G. Williams, John D. Teasdale, *Mindfulness-Based Cognitive Therapy for Depression*, New York, Guilford Press, 2002.

Face à la maladie : dire la vérité et donner l'espoir

1981, je suis étudiant en médecine dans un grand centre hospitalier : une patiente d'une quarantaine d'années se remet d'une opération difficile du rein... Mère de deux adolescents, elle est très inquiète sur ce que le chirurgien a trouvé : « Est-ce un cancer, docteur ? – Non madame, répond le professeur. Il y avait des cellules anormales que nous avons retirées. Il faudra vous soigner, mais ça ira bien. » Avec les autres externes, nous nous regardons interloqués. Le cancer de cette femme est déjà largement disséminé. Pourquoi ne le lui dit-il pas ? Dans le couloir, notre professeur se justifie : « Hippocrate enseignait qu'un médecin doit toujours réconforter son patient avec sollicitude et attention, sans rien révéler de la réalité de son état présent ou futur. » En langage clair, il recommandait de mentir quand les choses se présentaient mal. Et nous, jeunes médecins, avons tous appris à nous justifier pour ces mensonges. Pourquoi lui gâcher les derniers mois de sa vie alors qu'elle peut encore en profiter ? N'est-il pas plus simple d'offrir un faux sourire et une tape dans le dos que de s'asseoir aux côtés d'une femme qui a peur et qui pleure ? Et tant pis s'il n'y a personne pour parler avec elle de cette peur de mourir qui l'assaille parfois la nuit ; tant pis si on lui retire la chance de faire un dernier voyage en Bretagne avec ses enfants. Donner de faux espoirs ne tue pas le patient, mais lui vole sa chance de vivre authentiquement jusqu'à la fin.

2001, je suis psychiatre dans un autre grand hôpital universitaire : on m'a appelé au chevet d'une patiente d'une quarantaine d'années, effondrée. Son médecin vient de lui donner les résultats de ses examens : « Vous avez un cancer du sein très agressif. Il est généralisé. Nous pouvons essayer la chimiothérapie et les radiations, mais les statistiques sont contre vous. La moitié des patients dans votre cas ne vivent que six mois. Il est rare que cela dépasse deux ans. » Condamnation sans appel. « Comment pourrais-je continuer avec ce verdict ? me demande-t-elle. Je ne peux pas vivre sans espoir ! » Privée de son énergie vitale, elle n'a même plus envie d'essayer de se battre. Le cancérologue se justifie : « Il est essentiel que les patients comprennent leur diagnostic et leur pronostic. Sinon, ils ne peuvent pas faire les choix appropriés pour leur traitement. » Je reconnais dans son regard la même assurance hautaine que celle de mon professeur, vingt ans plus tôt. Pourtant, les études sur les pronostics donnés par les médecins montrent que, sur l'échéance, ils se trompent plus souvent qu'ils n'ont raison[1]. Et le désespoir n'aide personne à vivre mieux le temps qu'il lui reste.

L'espoir, chez les humains, prend de multiples formes. Parfois il s'agit simplement d'optimisme, parfois d'illusions, parfois de foi, parfois simplement de confiance dans la vie qui nous aidera à grandir dans l'épreuve. Car l'espoir a cette extraordinaire capacité de se métamorphoser jusqu'au dernier moment pour s'adapter à la situation. Au début de sa maladie, un patient espère guérir ; lorsqu'elle s'aggrave, il en vient à espérer limiter la souffrance, ou simplement pouvoir offrir à ceux qu'il aime l'image d'une fin de vie vécue jusqu'au bout dans la dignité.

---

1. J. Hoffman, *The New York Times*, 4 décembre 2005.

Dans un hôpital de Harvard, aux États-Unis, une femme médecin chargée des soins palliatifs rapportait : « Quand un patient a des objectifs pour lui-même, il est impossible qu'il soit désespéré. Et quand on peut l'aider à définir ce qu'il veut, on a le sentiment d'avoir apporté une forme de guérison, même lorsqu'il est en train de mourir[1]. » Quelle que soit sa forme, l'espoir est aussi essentiel à l'expérience humaine que la respiration. Le faux espoir n'aide pas. Le faux désespoir non plus. Alors que doit-on dire à quelqu'un qui souffre d'une maladie terminale ? La vérité, certainement. Mais aussi que les statistiques peuvent être trompeuses : si l'espérance moyenne de survie pour une maladie est de six mois, cela signifie que plus de la moitié des gens vivent plus longtemps que cela, et certains beaucoup plus longtemps. Que l'important est de mettre toutes les chances de son côté pour faire partie de ceux-là. Aujourd'hui, on ne connaît pas de médecine alternative qui guérisse le cancer, mais on sait que les patients qui se prennent en main, se nourrissent mieux, ne fument pas, font de l'exercice physique, gèrent mieux leur stress, souffrent moins et vivent plus longtemps que les autres[2].

Il faut leur dire aussi que, quoi qu'il arrive, on sera là, à leurs côtés. Pour leur offrir notre épaule quand ce sera dur, notre sourire quand ça ira bien. Et que, tout au long du parcours, il y aura de l'espoir. Comme dans la vie elle-même.

Février 2006

---

1. *Ibid.*
2. M. Lerner, Choices in *Healing : Integrating the Best of Conventional and Complementary Approaches to Cancer*. Boston : MIT Press ; 1996. G. Danaei, S. Vander Hoorn, A. D. Lopez, M. Ezzati, C. J. Murray, « Causes of cancer in the world : comparative risk assessment of nine behavioural and environmental risk factors », *in The Lancet*, 2005.

Comment modifier
nos mauvaises habitudes ?

Nous avons tous de mauvaises habitudes, mais changer sa manière de vivre est difficile. Pourtant, au fond de nous, nous sommes convaincus que, s'il le fallait vraiment, nous trouverions la force de le faire. Pour Martin, avocat, c'était une question de vie ou de mort, et pourtant... À 50 ans, il en était à son deuxième pontage coronarien. Les artères de son cœur étaient tellement bouchées qu'un troisième pontage n'était pas envisageable. Il fallait impérativement qu'il arrête de fumer, qu'il change son régime et qu'il fasse du sport : les seules approches connues qui soignent véritablement les maladies cardiaques – les médicaments ne venant qu'en deuxième ligne. Sans ces changements, ses chances de survie étaient terriblement faibles.

Pourtant, il ne pouvait s'y résoudre. Impossible de se tenir à de « bonnes résolutions ». Et vous, le feriez-vous ? Oui ? En êtes-vous si sûr ? Les probabilités sont contre vous, à neuf contre un : 90 % des personnes qui ont subi un pontage n'ont pas modifié leurs habitudes de façon significative deux ans plus tard. Et ces personnes, c'est nous : Occidentaux, éduqués, en pleine possession de l'information nécessaire. Nous, qui ne changeons rien[1].

Peut-être est-ce trop demander ? S'il s'agissait simplement de prendre une pilule le matin, nous le ferions certainement, n'est-ce pas ? Toujours pas !

Dans certaines études, deux tiers des personnes à qui l'on prescrit un médicament pour faire baisser leur cholestérol ne le prennent plus au bout d'un an, malgré les injonctions de leur médecin[2]... Alors, que se passe-t-il ? À quoi résistons-nous ? Martin était beaucoup trop gros, il avait arrêté le sport depuis des années, il ne se déplaçait plus qu'en voiture, sa vie sexuelle s'était progressivement réduite depuis qu'il n'avait plus confiance en ses érections, il s'était brouillé avec ses enfants après son divorce, les voyait rarement et souffrait de la tension de ces moments un peu forcés.

Depuis l'absorption de son cabinet par un plus grand groupe, sa charge de travail avait beaucoup augmenté et il avait abandonné les soirées où il jouait du jazz au piano avec ses amis. Alors comment se résoudre à lâcher aussi ses fidèles Rothmans, et les frites et les desserts ? C'étaient ses derniers vrais amis, toujours là, prévisibles et réconfortants quand plus rien d'autre ne semblait l'être. Et puis, au fond de lui, l'idée d'ajouter des années de survie à cette existence plutôt morne n'avait rien d'enthousiasmant. Pas au point, en tout cas, de laisser tomber les petites habitudes qui lui apportaient du plaisir. Ce qui peut nous faire changer, ce n'est pas l'information sur nos chances de survie : qui a arrêté de fumer parce qu'il est écrit « Fumer tue » sur les paquets de cigarettes ? Aucune information abstraite ne peut nous motiver suffisamment.

---

1. E. Miller, « The changing nature of innovation in health care », *in BM Global Innovation Outlook Conference*, 2004, Rockefeller University, New York, NY, cited *in* Deutschman A., *Change or Die*, Fast Company, 2005, mai : 53.
2. M. A. Huser et coll., « Medication adherence trends with statins », *in Adv Ther*, 2005, 22 : 163-71.

Comment modifier nos mauvaises habitudes ?

Le passage secret se trouve dans les émotions : il faut que les changements que nous entreprenons soient tels que nous nous sentions plus en vie. Il faut que nous ayons plus de plaisir en changeant qu'en ne changeant pas. Martin a changé. Il s'est lancé grâce à un groupe de soutien. Il a même compris que plus vite il lâchait ce qui l'avait enfermé dans son isolement et dans un corps qu'il n'aimait plus, plus il se sentait en vie : ne plus être essoufflé, découvrir la douce ébriété de la fatigue physique après un effort soutenu, voir revenir ses érections du matin, faire baisser son cholestérol sans même prendre de médicaments et sentir à travers cela qu'il était à nouveau maître de son corps.

Mais l'étape décisive a été de renouer avec ses enfants grâce à l'intervention de son généraliste un peu « psy », et de sentir l'envie qu'il avait d'apprendre à son fils à jouer du jazz. Et puis d'aider sa fille à monter son site internet sur le développement durable. Et enfin de réorienter son travail d'avocat pour devenir médiateur en résolution de conflits. Ça rapportait moins, mais ça lui donnait beaucoup plus l'impression de contribuer utilement à la société, à plus de justice, plus d'harmonie. Au bout de trois ans, avec un sourire qui vous réchauffait le cœur, il aimait dire : « Ma maladie, c'est la plus belle chose qui me soit arrivée ! »

Dean Ornish est le grand cardiologue de l'université américaine de San Francisco qui a démontré que l'on pouvait guérir des maladies cardiaques grâce aux groupes de soutien qui prônent la méditation, l'ouverture aux émotions, le régime, l'exercice et l'arrêt du tabac. Dans son livre, il résume parfaitement la découverte de Martin : « La meilleure motivation pour changer, ce n'est pas la peur de mourir mais la joie de vivre[1] ! »

Mars 2006

---

1. Daniel Ornish, *Love and Survival*, Harper and Collins, 1997.

D'où vient la beauté intérieure ?

Certaines paroles ou images que nous recevons sur Internet nous touchent parfois vraiment. Récemment, pour moi, il s'agissait de phrases d'Audrey Hepburn et de photos de son visage – de sa jeunesse éclatante au rayonnement de ses années de femme mûre. Enfant, elle avait failli mourir de faim dans les Pays-Bas dévastés de l'après-guerre et avait été sauvée grâce à l'aide aux réfugiés des Nations unies. À la fin de sa vie, à la question : « Quels sont vos secrets de beauté ? », elle répondait avec grâce : « Pour avoir de beaux yeux, cherchez des personnes généreuses » ; « Pour avoir une silhouette fine, partagez votre repas avec quelqu'un qui a faim » ; « Pour avoir de beaux cheveux, laissez un enfant y passer ses doigts » ; « Les gens, encore plus que les choses, ont besoin d'être rétablis, ravivés, récupérés et pardonnés ; ne rejetez jamais quelqu'un » ; « La beauté d'une femme n'est pas l'esthétique de son visage mais se reflète dans son âme. Ce sont les attentions qu'elle donne avec amour, la passion qu'elle montre. La beauté d'une femme grandit avec les années. »

Je sais bien que je suis loin de toujours voir la beauté de cette manière ou de ne jamais rejeter un être humain. Je pourrais choisir de laisser glisser ces phrases comme un idéal inatteignable. Mais si je choisis de me laisser toucher par cette vision altruiste et généreuse, je sens une chaleur grandir dans ma poitrine. Quelque chose vibre en moi qui me rapproche du vrai et du juste, de ce qu'il y a de précieux dans mon être. Et j'ai envie d'être comme cette femme qui est allée plus loin que moi, pour goûter à cette générosité de la vie qui nous appartient à tous. Est-ce par naïveté que je me laisse toucher de cette manière ? Notre vision occidentale est tellement obsédée par nos émotions négatives, que même la recherche scientifique s'est attachée avant tout à elles. Des cinq émotions dites « fondamentales » – dégoût, peur, colère, tristesse et contentement –, il n'y en aurait qu'une seule de positive et elle est mièvre. Les émotions négatives sont utiles. La peur ou la colère nous arrêtent net et focalisent puissamment notre attention sur ce que nous devons protéger dans l'immédiat. Pour cela, elles réduisent notre champ de conscience et nous ferment aux autres, comme si elles criaient : « Pense à toi d'abord ! » En revanche, l'inspiration que nous ressentons devant la grandeur d'âme de quelqu'un que nous admirons, ou même devant l'immensité d'un paysage ou l'harmonie d'un jardin, induit le mouvement inverse. Elle nous arrête aussi, pour nous sortir du train-train de nos pensées habituelles. Mais, plutôt que de nous refermer, elle nous ouvre l'esprit et le cœur sur de nouvelles manières d'être et de recevoir ce que le monde a à offrir et sur ce que nous souhaitons, nous, lui apporter.

À l'université de Virginie, aux États-Unis, le laboratoire du Pr Jonathan Haidt se consacre à l'étude des émotions positives et de ce sentiment d'inspiration. Devant un héros de film dont nous admirons la générosité et le courage, ou un documentaire qui montre des volontaires heureux de travailler dans un Resto du cœur un soir de Noël, nous sommes touchés et mobilisés pour agir de la même manière. Les femmes en période d'allaitement qui regardent ces images ont des montées de lait.

D'où vient la beauté intérieure ?

Effectivement, l'ocytocine – l'hormone qui nous relie affectivement les uns aux autres – est sécrétée par le cerveau lorsque celui-ci est stimulé par des émotions qui font battre notre cœur. Elle abonde pendant l'allaitement, autant que pendant l'orgasme, dans une relation où l'amour est au premier plan[1]. Elle est aussi libérée lorsque nous nous sentons touchés par l'exemple de quelqu'un que nous admirons. Sans doute cette hormone de l'amour vient-elle nous rappeler que c'est à travers notre lien aux autres que nous touchons à ce qu'il y a de plus beau en nous.

Avril 2006

---

1. Jonathan Haidt, *The Happiness Hypothesis*, New York, Basic Books, 2005.

Qui sait ce qui se passe après la mort ?

Katya avait peur de mourir. Depuis l'annonce de la reprise de son cancer, elle avait une peur intense de ce qui l'attendait de l'autre côté. Katya était statisticienne et, dans sa culture de scientifique et d'athée, elle était convaincue qu'il ne pouvait rien y avoir d'autre qu'« un vide immense, le noir absolu, et pour toujours ». La nuit, elle en avait des crises d'angoisse. Des amis lui avaient dit que les deux tiers des habitants de la planète ne partagent pas cette vision nihiliste : ils croient que chaque âme poursuit son chemin à travers des vies successives. Mais Katya rétorquait que ces mêmes deux tiers de la planète croient aussi au droit de battre sa femme. Ça ne la rassurait pas beaucoup. Je ne pouvais que lui dire, bien sûr, que si quelqu'un prétend savoir ce qui se passe après la mort, il est bien présomptueux. Toutefois, chaque médecin a eu des rencontres étonnantes avec certains patients morts cliniquement – leur électroencéphalogramme est resté plat plusieurs minutes – et revenus...

Alors même que je ne m'intéressais pas particulièrement à cette question, plusieurs patients m'ont raconté leur expérience – épreuve qui les avait transformés pour toujours. Ils avaient eu la conscience d'être mort et de passer de l'« autre côté ». Ils avaient rencontré une lumière très vive qui venait

195

les accueillir et d'où émanait beaucoup d'amour et de bien-veillance. Ils avaient souvent retrouvé des personnes décédées depuis longtemps qui les considéraient tendrement et leur avaient dit que leur temps n'était pas encore venu et qu'il fallait repartir. Ils avaient d'abord regretté ce retour et se souvenaient de la souffrance au moment de reprendre leur place à l'intérieur de leur corps meurtri. Cette expérience les avait changés en profondeur : capables de mieux parler de leurs émotions, plus ouverts aux autres, plus touchés par le plaisir simple de sentir la présence de la vie autour d'eux. Et, surtout, ils n'avaient plus jamais eu peur de ce qui les attendait après la mort. Ces descriptions qui m'ont été faites spontanément, on les retrouve dans toutes les cultures et à travers tous les âges de l'humanité. Certains éléments – comme l'allégresse, la sensation de flotter dans un tunnel et la présence d'une lumière très vive – sont si fréquents que l'on peut imaginer qu'ils sont dus aux hallucinations d'un cerveau en manque d'oxygène. Mais comment expliquer les détails notés par les patients lorsqu'ils se voient flottant au-dessus des médecins qui tentent de les réanimer et dont ils peuvent dans certains cas répéter les mots prononcés ? Peut-on comparer les hallucinations qui ont lieu au cours d'as-phyxies temporaires avec des expériences telles qu'elles transforment la personnalité de ceux qui les ont vécues ?

Dans une extraordinaire étude[1] publiée dans *The Lancet*, des chercheurs hollandais ont interviewé des patients revenus à la vie après un arrêt cardiaque. Sur trois cent quarante-quatre cas, 12 % ont vécu des expériences qui répondaient aux critères stricts d'une NDE (de l'anglais *Near Death Experience*, « expérience de mort imminente »). Un quart d'entre eux racontaient avoir flotté au-dessus de leur corps.

---

1. « Near death experience in survivors of cardiac arrest : a pros-pective study in the Netherlands », P. Van Lommel, R. Van Wees, V. Meyers, I. Elfferich, *in The Lancet*, 15 décembre 2001, vol. 358 (9298).

Alors qu'il était totalement inconscient, un homme a même pu dire à une infirmière interloquée où celle-ci avait rangé son dentier, retiré avant de l'intuber lors de la réanimation. Pour des esprits scientifiques comme Katya ou moi, ces observations nous mettent face à un dilemme. D'une part, nous sommes attachés à une explication du monde en accord avec les principes établis par la science. Or ceux-ci ne s'accommodent pas facilement de l'idée d'une vie consciente après la mort... D'un autre côté, l'esprit scientifique nous impose de ne pas nier des observations fiables sous prétexte qu'elles ne sont pas conformes à nos théories. Pourtant, l'article du *Lancet* le prouve, les expériences de NDE sont courantes et leurs descriptions, fiables. Katya est restée perplexe après cette conversation, puis, quelques mois plus tard, elle m'a apporté une vidéo réalisée par le Dr Raymond Moody[1], psychiatre, pionnier de l'étude des NDE aux États-Unis. Huit personnes y racontent leur expérience et comment par la suite elles n'ont plus jamais eu peur de la mort.

Je voyais sur le visage de Katya qu'elle aussi se sentait plus rassurée. Je n'ai pas poussé la conversation plus loin. Après tout, quand les certitudes nous manquent, il appartient à chacun de choisir ce à quoi il veut croire, que ce soit noir et angoissant ou lumineux et rassurant.

Mai 2006

---

1. Auteur notamment de *La Vie après la vie*, Robert Laffont, 1977.

Stress, dépression :
des idées fausses et dangereuses

Après la guerre du Vietnam, les hôpitaux de l'armée américaine se sont trouvés face à près d'un million d'anciens soldats gravement perturbés : sans être blessés physiquement, ils étaient hantés par les souvenirs de l'horreur de la guerre, et la plupart devenaient alcooliques ou drogués pour tenter de soulager leur souffrance. Pendant des années, on a expérimenté de multiples approches pour aider ces victimes du stress extrême. Jusqu'au jour où un groupe de chercheurs a démontré que leur hippocampe cérébral – une structure essentielle du cerveau qui organise les souvenirs – avait été tellement endommagé par le stress chronique qu'il s'était atrophié. Si leurs cauchemars et leur anxiété étaient dus à une lésion du cerveau, que pouvait-on espérer de simples séances de psychothérapie ?

La démonstration d'une anomalie physique dans le cerveau de ces anciens soldats fut une malédiction. On se mit à ne plus croire à la possibilité de les soigner. Et ceux qui n'avaient pas guéri de leur voyage dans l'enfer de la guerre furent lentement abandonnés à leur sort. Vingt ans plus tard, une équipe de chercheurs hollandais a montré qu'en fait, cette anomalie du cerveau induite par le stress n'empêche en rien la guérison des symptômes par une psychothérapie appropriée[1].

Depuis deux décennies, l'industrie des médicaments psychotropes fait la promotion à travers toute la psychiatrie d'une autre idée du même type, tout aussi dangereuse : la dépression serait « d'abord » un déséquilibre biochimique dans le cerveau – un déficit en sérotonine – qu'il est possible de compenser en prenant des antidépresseurs de la famille du Prozac.

Effectivement, quelques études suggèrent que les personnes déprimées auraient moins de sérotonine que les autres. Et le Prozac et ses cousins (Zoloft, Deroxat, Seropram, etc.) font monter le taux de sérotonine dans le cerveau. Mais ces arguments sont très incomplets (entre autres parce que le Prozac agit immédiatement sur la sérotonine alors que les effets antidépresseurs mettent plusieurs semaines à se manifester). Récemment, une équipe de l'hôpital Johns-Hopkins, à Baltimore, aux États-Unis, a démontré qu'en réalité, l'effet des antidépresseurs n'aurait rien à voir avec l'argument marketing qui nous a été présenté depuis si longtemps : leur véritable fonction serait de permettre aux neurones de développer de nouvelles branches, et donc de créer de nouvelles connexions[2].

Il se trouve que cette régénération des neurones peut être obtenue par de nombreux autres moyens que par les antidépresseurs. Par exemple, des souris adultes qui vivent ensemble et sont libres de profiter de la présence conviviale de leurs congénères voient leurs neurones se régénérer bien

---

1. « Effects of psychotherapy on hippocampal volume in out-patients with post-traumatic stress disorder : a MRI investigation », R. J. Lindauer, E.-J. Vlieger, M. Jalink et coll., *Psychological Medicine*, 2005, 35 : 1-11.

2. L. Zhou, K.-X. Huang, A. Kecojevic, A.M. Welsh, V.E. Koliatsos, « Evidence that serotonin reuptake modulators increase the density of serotonin innervation in the forebrain », *in Journal of Neurochemistry*, 2006, 96 : 396-406.

davantage que celles qui sont forcées de vivre seules. De la même façon, celles qui font plus d'exercice physique (même sur place, dans une petite roue) stimulent la croissance de leurs neurones. Une étude chez l'homme a aussi montré que des cadres qui pratiquent la méditation pendant deux mois réorganisent de façon durable leur cerveau en ayant changé l'équilibre entre l'hémisphère droit et l'hémisphère gauche[1]. Les médicaments n'ont pas le monopole de la régénération du cerveau. Ils seraient plutôt une voie détournée pour atteindre cette régénération. Le principal stimulus serait au contraire tout ce qui est bon et sain pour l'organisme.

Nous avons tous, en psychiatrie, cru au mythe du « déséquilibre biochimique du cerveau » dans la dépression ou le syndrome de stress post-traumatique. Cela nous donnait des explications faciles au moment où nous recommandions un antidépresseur à nos patients. J'y ai cru, comme les autres, et je l'ai même enseigné. Je souffre maintenant d'imaginer à quel point nous avons contribué à détourner nos patients de leur capacité à guérir par eux-mêmes, à les décourager de stimuler la création de nouveaux circuits dans leur cerveau par bien d'autres approches, toutes aujourd'hui validées – de l'exercice physique à la nutrition, en passant par la thérapie cognitive ou l'EMDR[2].

La science a une formidable capacité à créer des mythes puissants. Le plus souvent, ils sont utiles et libérateurs, mais, parfois, ils nous enferment. À nous tous d'être vigilants et exigeants pour ne pas rester prisonniers de ses erreurs.

Juin 2006

---

1. R. J. Davidson, J. Kabat-Zinn, J. Schumacher, et coll., « Alterations in brain and immune function produced by mindfulness meditation », *Psychosomatic Medicine*, 2003, 65 (4) : 564-70.
2. *Cf.* note 1, p. 48.

Notre mauvaise humeur de septembre

« J'aurais dû être un ours. Les ours ont le droit d'hiberner, eux. Pas les humains. » C'est avec ces mots, imprimés en tête du premier article sur le sujet dans un des plus grands quotidiens internationaux – le *Washington Post* du 24 octobre 1991 – qu'une patiente du Dr Norman E. Rosenthal a forcé le monde scientifique à reconnaître que beaucoup d'entre nous ne sont plus tout à fait eux-mêmes lorsque la lumière du jour commence à décliner à partir de la fin du mois d'août. L'histoire de cette découverte est fascinante.

Qui ne ressent une certaine nostalgie avec l'arrivée de l'automne ? La fin de l'été évoque le retour à la routine, la perte d'une liberté, la fin des rencontres nouvelles et faciles. La chute des feuilles nous parle inconsciemment de nos amours perdues. L'apparition des vêtements chauds annonce le retour à la pluie et au froid. Et puis la « rentrée » elle-même nous renvoie aux contraintes de l'enfance, à l'anxiété du retour à l'école, à la soumission à l'autorité et au jugement de notre personne sur la base de nos « performances ». Dans ces conditions, comment s'étonner que l'humeur ne soit pas au beau fixe en septembre ? Sans doute pour cette raison, pendant des décennies, nous, psychiatres, avons refusé d'écouter nos patients qui nous parlaient de ce sentiment d'« hibernation » qui les prenait de l'automne au printemps.

203

Nous voyions cela comme une métaphore pour un problème psychologique sous-jacent ou comme une simple dépression à traiter avec des médicaments.

Leurs symptômes étaient pourtant différents, et ils ressemblaient effectivement beaucoup à l'hibernation des animaux : envahis progressivement par une certaine léthargie, ils dormaient plus longtemps que d'habitude et avaient de plus en plus de mal à se lever le matin. Une fois debout, ils préféraient qu'on les laisse seuls et évitaient les contacts, même par téléphone. Leurs projets et envies, encore si stimulants quelques mois plus tôt, leur paraissaient maintenant des obligations dont il fallait se décharger « pour être tranquilles ». Leur libido s'évaporait, et ils s'intéressaient de plus en plus à une nourriture riche en sucres et en farine, comme s'ils essayaient d'emmagasiner des réserves. Et si nous les avions écoutés – au lieu de projeter sur eux nos théories toutes faites –, nous aurions même entendu qu'ils se mettaient à craindre les pièces mal éclairées et que leurs fantasmes se remplissaient d'envies de Sud et de lumière pour se sentir vivre à nouveau.

Dans nos cours de biologie de faculté de médecine, nous avions pourtant tous appris l'effet des saisons chez les animaux. Et nous savions même que la sortie de l'hibernation, le jaillissement d'énergie, la recherche presque frénétique d'un partenaire ou l'hyperactivité de construction (d'un nid ou d'un autre « projet ») sont déclenchés par une seule chose : l'augmentation de la lumière qui stimule la petite glande pinéale à l'arrière du cerveau et réduit la sécrétion de mélatonine. Nous savions tous aussi ce que nous ressentions personnellement avec l'arrivée du printemps : un regain d'énergie et d'envie. Mais nous n'avions pas imaginé la chose la plus simple du monde : que nous, humains, pouvions être affectés exactement comme les animaux par les cycles de la lumière, au plus profond de notre biologie. Nous ne pouvions pas imaginer que nos patients avaient raison et que leurs symptômes manifestaient bel et bien une tendance à l'« hibernation ».

C'est Norman E. Rosenthal, un psychiatre arrivé d'Afrique du Sud sur la côte Est des États-Unis, qui a, avec quelques collègues du National Institute of Mental Health (NIMH, à Bethesda, dans le Maryland), imposé cette évidence à toute la communauté scientifique. Après avoir noté que les variations de lumière semblaient l'affecter beaucoup plus qu'il ne s'y attendait, il a organisé la première étude démontrant que l'on pouvait corriger ces symptômes simplement en exposant les patients à une lumière artificielle qui simule les principaux composants de la lumière du jour. Devant la force des résultats, très vite, les mêmes confrères qui s'étaient d'abord moqués de cette idée saugrenue se sont mis à emprunter les lampes utilisées dans l'expérience pour les essayer sur eux-mêmes[1]...

Les enquêtes épidémiologiques montrent que près de 30 % d'entre nous ressentent une perte d'énergie notable entre octobre et mars et que, pour près de 10 %, les symptômes sont suffisamment graves pour que l'on puisse parler de véritable dépression. Or, malgré des études répétées et concluantes[2], les découvertes de ce petit groupe de pionniers du NIMH continuent d'être largement ignorées dans la pratique courante de la psychiatrie. La luminothérapie reste encore très largement sous-utilisée dans le traitement de la dépression. Pourtant, de nouvelles études ont montré que même une dépression courante – qui ne dépend pas des saisons – peut être nettement améliorée si le patient s'expose trente minutes le matin à une lampe qui reproduit le spectre de la lumière

---

1. Norman E. Rosenthal, *Soif de lumière. La luminothérapie : remède à la dépression saisonnière*, Jouvence, 2006.
2. Robert N. Golden, Bradley N. Gaynes, R. David Ekstrom et coll., « The efficacy of light therapy in the treatment of mood disorders : a review and meta-analysis of the evidence », *in American Journal of Psychiatry*, 2005, 162 (4) : 656-2.

du jour. Il suffit même que la lampe soit sur le bord de la table du petit déjeuner pendant qu'on lit le journal[1]... Ce dédain pour un traitement aussi simple est sans doute lié au fait qu'il n'y a pas de brevet sur la lumière, et que ce n'est donc pas une entreprise profitable que d'encourager les médecins à le prescrire plus largement.

En écrivant cette chronique, je suis heureux de pouvoir exprimer ma gratitude à Norman E. Rosenthal pour ce qu'il m'a permis de comprendre, pour les patients qu'il m'a permis d'aider et pour le plaisir que j'ai chaque matin à me réveiller avec la lumière du soleil en été ou avec un simulateur d'aube en hiver. Des cadeaux que je me fais, mais que je lui dois entièrement.

Septembre 2006

---

1. Daniel F. Kripke, « Light treatment for nonseasonal depression : speed, efficacy, and combined treatment », *in Journal of Affective Disorders*, 1998 ; 49 (2) : 109-17.

Les souvenirs qui passent par le corps

Nos réactions émotionnelles ont le plus souvent des causes si profondément enfouies en nous et dans notre passé qu'elles nous demeurent mystérieuses. Pourtant, il est possible d'y avoir accès, de les contrôler et souvent même de les transformer. En passant par les sensations du corps.

Ainsi pour Michael, un jeune psychiatre qui porte ses cheveux noués en une élégante queue-de-cheval. Il est venu se former à l'EMDR[1] et participer aux exercices pratiques qui font partie de l'enseignement. C'est à son tour de jouer le rôle du patient. Il raconte comment il s'est trouvé complètement désemparé en recevant une lettre de sa banque lui rappelant le montant de son emprunt. Se sachant incapable de rembourser ce qu'il devait, il a été emporté par une vague de désespoir, paralysé par la panique. Et la même violente émotion le perturbe dès qu'il repense à nouveau à la scène.

Cette réaction lui est familière : elle le submerge souvent face aux difficultés de la vie courante. Il peut raconter dix scènes similaires où il s'est retrouvé dans un déplorable, un

---

1. Ginny Sprang « The use of Eye movement desensitization and reprocessing (EMDR) in the treatment of traumatic stress and complicated mourning : psychological and behavioral outcomes », *in Research on Social Work Practice*, 2001, 11(3) : 300-20.

inexplicable sentiment d'impuissance. Même s'il se sent un peu plus capable de faire face depuis qu'il a commencé une thérapie, il aimerait savoir s'il lui est possible de progresser encore.

Lorsqu'une réaction émotionnelle inadaptée persiste depuis longtemps dans notre vie, il n'est pas toujours facile de remonter à ses origines.

Pourtant, notre réaction aux événements présents est toujours la conséquence de ce que notre cerveau a enregistré au cours d'expériences antérieures. Ce processus est lié à la nature même de l'organisation du cerveau : les chiens de Pavlov salivent rien qu'en entendant une cloche sonner, si ce son a précédemment accompagné l'apport de nourriture. À l'inverse, ceux pour qui la cloche a sonné tandis qu'ils recevaient un choc électrique se figent dans la peur et l'impuissance, en attente d'un nouveau traumatisme, même si, aujourd'hui, il leur serait possible de s'échapper. Au lieu de laisser Michael se perdre dans un labyrinthe de conjectures abstraites à propos de son trouble ou de détails sur ses épisodes dépressifs, le thérapeute lui demande ce qu'il ressent dans son corps lorsqu'il revit en pensée la scène où il lit la lettre de la banque. « Une oppression dans la poitrine et des picotements derrière les yeux », répond-il.

« Fermez les yeux et concentrez-vous sur ces sensations. Remontez avec elles dans le temps et suivez les images qui arrivent spontanément », reprend le thérapeute. Lorsque, après un silence, Michael rouvre les yeux, ils sont embués de larmes : « J'ai revu la mort de ma petite sœur, survenue lorsque j'avais 5 ans. Elle a séjourné à l'hôpital pendant des mois, et, chaque fois qu'on lui rendait visite, on la voyait s'affaiblir un peu plus. Nous nous sentions dans une totale impuissance et personne ne pouvait rien y faire. Je crois que je ne m'en suis jamais vraiment remis. » Face à un tel drame, son impuissance d'enfant de 5 ans, liée à celle de ses parents et des médecins, s'est gravée en lui. À partir de là, de nombreux événements de sa vie – certains aussi banals qu'une dette de banque impayée – réactivaient en filigrane la blessure subie par l'enfant désemparé. Alors même qu'il est aujourd'hui un adulte, devenu psychiatre et tout à fait capable de gérer une dette ou des situations bien plus complexes.

Or il n'a fallu à Michael que quelques séances de thérapie pour utiliser comme point de départ ses sensations physiques et arriver ainsi à s'extraire de ce deuil qu'il n'arrivait pas à faire depuis ses 5 ans. Depuis, tout n'est pas réglé, mais il réagit tout à fait différemment aux divers challenges qu'il peut rencontrer dans son existence. Le souvenir de ce qui nous conditionne à répondre à une situation donnée comme un enfant effrayé et impuissant alors que nous sommes désormais adulte est souvent si ancien et si éloigné dans le temps que la parole ne suffit souvent pas à le retrouver.

En revanche, la mémoire du corps, trop longtemps délaissée par la psychothérapie conventionnelle, semble conserver la trace de tels traumatismes à travers la vie entière. Des liens qui relient si fortement le passé au présent que l'on pouvait les croire indéfectibles : or, dans certaines conditions, lorsqu'on arrive à réactiver et à ranimer cette mémoire du corps, ils peuvent se délier avec une rapidité surprenante.

Octobre 2006

Être là, simplement

L'amour que nous portons à ceux qui nous sont proches est parfois mis à l'épreuve jusqu'à ses limites extrêmes : là où nous ne savons pas si nous saurons aller.

Et pourtant, c'est souvent dans ces moments-là qu'il est aussi capable de transformer les situations les plus désespérées. J'ai eu le privilège d'entendre l'histoire d'une femme qui en avait fait l'expérience avec son fils. Sylvie était terriblement préoccupée par la situation de Paul.

À 22 ans, d'après le psychiatre qu'elle avait finalement réussi à le faire consulter, il souffrait d'un « épisode psychotique ». Il passait des nuits entières à marcher dans sa chambre comme un animal en cage et était constamment irritable. Lorsqu'elle lui avait suggéré de consulter un médecin, il l'avait menacée du poing. Apeurée, la gorge serrée, réprimant ses instincts de mère, elle s'était en fin de compte résolue à le faire interner contre son gré. Dès lors, Paul, très en colère à son égard, refusa de lui parler. Au bout d'une semaine, il sortit de l'hôpital sans que son état se soit vraiment amélioré, puis partit vivre à Aix-en-Provence, errant d'un endroit à un autre. Les seules nouvelles que Sylvie avait de lui provenaient d'amis d'enfance de Paul que celui-ci contactait de temps à autre par Internet.

Ils tenaient à la rassurer, au moins sur le fait qu'il était encore en vie. Tous les matins, elle se réveillait avec une boule d'angoisse dans l'estomac : qu'allait-il advenir de son fils ? Au bout de six mois de cet enfer, elle décida de faire savoir à Paul qu'elle serait à Aix le jour de son anniversaire, et qu'elle l'attendrait devant la fontaine du cours Mirabeau. Qu'elle voulait simplement lui souhaiter un bon anniversaire. Qu'elle n'espérait rien d'autre de lui qu'un signe de vie de sa part, même de loin.

Le jour venu, elle attendit plusieurs heures, assise sur la pierre, à scruter les silhouettes qui auraient pu ressembler à celui qu'elle avait porté en elle. Rien. Jusqu'à ce moment où, se retournant, elle le vit apparaître dans son champ de vision. Très amaigri, il portait une barbe, ses vêtements étaient sales.

Il passa devant elle sans s'arrêter ni même la regarder et, les yeux rivés au sol, dit comme pour lui-même : « Pourquoi es-tu là ? Je te déteste. Je ne veux plus jamais te revoir. » Bouleversée, elle eut juste le temps de lui crier « Bon anniversaire ! » avant qu'il disparaisse. Mais... il était venu ! Elle ne le revit plus pendant un an.

Des mois durant, elle se raccrocha à ce mince espoir : il était venu... Des années plus tard, lorsqu'elle évoque ce souvenir du cours Mirabeau, Sylvie ne peut contenir sa douleur. Elle a tant douté d'elle-même pendant toute cette période, et tant pris sur elle pour ne pas s'effondrer ! Les sanglots du passé, si longtemps contenus, la submergent maintenant, alors qu'elle est accompagnée par son thérapeute, qui la laisse se remémorer cette blessure enfouie. Et puis un autre souvenir lui revient : celui de son fils quatre ans plus tard. Il avait fini par accepter de se faire soigner et prenait maintenant du lithium, qui le stabilisait considérablement. Il menait à nouveau une vie normale. Et il avait beaucoup parlé avec sa mère de toute cette période. Surtout, il lui avait dit : « Tu sais, maman, quand mon esprit était si agité lorsque j'étais à Aix, la seule chose qu'il y avait de solide dans ma vie, c'était de me dire que quoi qu'il arriverait, tu serais là pour moi. » Elle l'avait été. Jusqu'au bout. Même dans l'impuissance la plus complète, elle avait donné le dernier signe d'amour qui nous reste parfois à donner. Celui qui veut souvent tant dire : être là. À travers tout. Être là.

Décembre 2006

Vieillir jeune

Au milieu d'un après-midi chargé au bureau, Cyril prend le temps d'appeler son père de 86 ans, à qui il n'a pas parlé depuis un moment. Stupéfait, il s'entend répondre : « Peux-tu me rappeler plus tard, je suis en plein travail et débordé. Demain ou dans deux jours ? » Comment Cyril aurait-il pu imaginer son père aussi investi dans une activité que lui ?

Denis est invité en week-end chez une amie de ses parents : celle-ci a 80 ans. Au moment d'aller voir la mer, à quelques kilomètres, elle se propose de l'accompagner... en vélo. Remarquant son regard surpris, elle le tance : « Eh bien, jeune homme, vous pensez que ça va être trop dur pour vous ? »

Paul est embauché dans une grande entreprise familiale. On lui a parlé de l'intensité particulière que met son patron dans le développement international : il se rend régulièrement dans cinq pays, rédige ses e-mails entre 6 heures et 8 heures. On demande à Paul s'il pratique le jogging, parce que son patron cherche quelqu'un pour l'aider à préparer le marathon de New York. Quand enfin il le rencontre, il s'interroge : s'est-il trompé de bureau ? Il est face à un homme de 70 ans...

Nous portons tous en nous des stéréotypes sur les « personnes âgées »... On les traite de « vieux », on parle de seins qui tombent et d'érections difficiles, et on n'imagine pas une vie sexuelle après 65 ans. En s'adressant à une personne de plus de 75 ans, on a tendance à élever la voix et à utiliser des mots plus simples, comme on le ferait avec un enfant. Quand on a 70 ans ou plus, on peut comprendre que ces attitudes finissent par influencer l'image de soi.

Les seniors que j'ai rencontrés et que j'ai mentionnés ici ont tous quelque chose en commun : ils ne s'identifient pas à ces images. Ils parlent d'ailleurs rarement de leur âge, mais évoquent plus facilement leurs activités, leurs intérêts, leurs projets. Ils ont ignoré les images et les mots dégradants les concernant, et restent axés sur leur vitalité et leurs désirs.

À l'université de Yale, aux États-Unis, la Pr Becca Levy étudie l'influence des stéréotypes culturels sur le fonctionnement intellectuel et physique dans la dernière partie de la vie. Elle a constaté que dans les cultures qui ont une vision positive du vieillissement, il y a moins de troubles de la mémoire (comme en Chine ou au Japon). Et, dans une étude de 2003[1], elle a pu démontrer de façon formelle que les stéréotypes affectent directement la performance.

Dans son laboratoire, elle a d'abord mesuré la mémoire et la façon de marcher de personnes de plus de 65 ans. Puis elle leur a montré sur un écran d'ordinateur des mots apparaissant si rapidement que le cerveau n'avait pas le temps de les enregistrer consciemment. Elle les a testées à nouveau. Suite à des mots comme « sage », « cultivé » ou « guide », leur mémoire s'améliorait nettement et les personnes se mettaient à marcher plus vite. En revanche, des mots comme « déclin », « sénile », « croulant », « perdu » dégradaient leur mémoire, et elles se mettaient à marcher plus lentement...

Lorsqu'il a eu 70 ans, mon ami Nikos, un psychiatre d'origine grecque, a écrit un très beau poème. Il dit adieu à

---

1. B. R. Levy, « Mind matters : cognitive and physical effects of aging self-stereotypes », *in The Journals of Gerontology Series B : Psychological Sciences and Social Sciences*, 2003, 58 (4) : p. 203-211.

toutes les angoisses et incertitudes de sa jeunesse, à l'incessante question de savoir s'il aura ou non sa place parmi les hommes, à son regard qui jugeait tous ceux qui l'entouraient pour mesurer leur force et les rabaisser. Il y accueille la douceur, la gratitude, la capacité à se confier facilement aux autres, qu'il sent maintenant en lui.

Et il finit en se lamentant : « Ah, pourquoi n'ai-je pas eu 70 ans toute ma vie ! » Merci, Nikos, de nous montrer une autre voie que celle des stéréotypes.

Janvier 2007

La psychiatrie du futur

J'ai l'impression d'avoir pénétré par mégarde dans la clinique médicale d'un épisode de *Star Trek*... Le Dr Greg Siegle dirige le laboratoire des neurosciences des émotions à l'université de Pittsburgh, aux États-Unis. Il est assis avec Sandra, une jeune femme qui souffre de dépression. Au lieu de lui poser des questions sur son état pour comprendre sa maladie, comme dans tout bon département de psychiatrie, il lui montre un scanner de son cerveau. Avec ses doigts délicats, il souligne une région qui est clairement suractivée chez elle. Il s'agit d'un noyau en forme d'amande que l'on retrouve des deux côtés du cerveau et qui s'appelle l'amygdale.

L'amygdale est enfouie au plus profond du cerveau émotionnel – le plus archaïque. C'est une partie du cerveau que l'on retrouve même chez les reptiles. Elle n'a aucune des capacités d'analyse ultrasophistiquées de notre cerveau cortical. Et, pourtant, elle est la première à recevoir les images, les sons, les odeurs, les sensations qui nous viennent de l'extérieur. Avant même que le reste du cerveau ne soit au courant de ce qui a été perçu, elle peut déclencher une émotion immédiate : peur, colère, rage.

L'amygdale est la sentinelle du corps. Toujours à l'affût, elle est chargée de surveiller tout signe de menace et de déclencher l'alarme quand il le faut. Mais chez Sandra – comme chez la plupart des patients déprimés étudiés par Greg Siegle – l'amygdale est devenue trop sensible, sans doute à cause des blessures de la vie. Dès que ces patients déprimés lisent des mots qui leur rappellent ce qui ne va pas, leur amygdale déclenche une alarme intempestive. Des mots comme « faible », « raté », « nul », « incapable » sont des déclencheurs fréquents. Ou bien « abandon », « solitude », « mort »...

Sandra décrit au Dr Siegle comment son cerveau tourne à vide sur ses préoccupations : si elle se met à penser au conflit qui l'oppose à sa sœur, ou bien à tout le travail qu'elle n'a pas encore eu le temps de faire au bureau, elle ne peut plus s'arrêter de ruminer ses tracas à propos de la situation. Elle sait bien que ça ne sert à rien, mais il n'y a rien à faire pour s'arrêter.

Greg Siegle lui montre l'autre région de son cerveau qui ne fonctionne pas normalement : son cortex préfrontal. C'est la région du cerveau responsable du contrôle des émotions, de la projection dans le futur, celle qui permet de renoncer à un plaisir immédiat (un autre carré de chocolat, par exemple) pour un but plus abstrait et distant (en l'occurrence, rester mince). C'est aussi la région du cerveau la plus développée chez l'humain par rapport à tous les autres mammifères.

Chez Sandra – et les patients déprimés – elle ne fonctionne plus que « sur un cylindre », comme le montre son scanner. Du coup, mettre de l'énergie dans les projets futurs est beaucoup plus difficile. Et contrôler l'hyperactivité de l'amygdale, qui réagit au moindre signe négatif, devient de plus en plus aléatoire... Alors Sandra a le sentiment qu'elle ne peut pas endiguer ses idées noires, ni imaginer un futur plus positif. Elle identifie ces ruminations automatiques et dégradantes si fréquentes dans la dépression : « Je suis nulle », « Je n'y arriverai jamais », « De toute façon, je n'ai jamais eu de chance », etc.

Et puis, un peu comme dans la méditation, on demande au patient de se regarder ayant ces pensées plutôt que de les prendre au premier degré. Il ne s'agit que de pensées dépressives, après tout. Il faut consciemment en évaluer la solidité. Sont-elles fondées sur des faits réels ? Ne sont-elles pas surtout des généralisations très exagérées ? Que dirions-nous à notre meilleure amie si c'était elle qui s'accusait de façon aussi violente ? Ou à notre fils ? Pourquoi ces accusations seraient-elles plus vraies lorsqu'elles sont tournées vers nous-même que lorsque ce sont d'autres qui se les infligent ?

En apprenant à mettre en perspective les accusations déclenchées par une amygdale trop inquiète, l'activité du cortex préfrontal est progressivement renforcée, un peu comme on rend un muscle plus fort en lui faisant faire de l'exercice. Et lorsque le cortex préfrontal est plus fort, il peut reprendre le dessus, calmer l'amygdale et nous permettre de nous projeter à nouveau dans l'avenir avec détermination et confiance. C'est ce qu'a vécu Sandra au fil de ses séances de thérapie. C'est ce que nous avons tous la possibilité d'apprendre. En nous entraînant à contrôler nos pensées négatives, nous contribuons à rééquilibrer notre cerveau !

Février 2007

Donne-moi ta main...

Carla est tombée de vélo et s'est ouvert l'arcade sourci-
lière. Elle saigne, elle tremble, elle a mal à la tête. Alors
Jacques lui tient la main et lui caresse doucement les
cheveux. Il lui dit à l'oreille que ça va aller, que ça doit faire
mal, mais qu'elle sera bientôt à l'hôpital. Aux urgences, on
l'empêche d'accompagner Carla dans sa chambre. Au bout
d'une heure, malgré l'interdiction, il se décide à la rejoindre.
Elle attend toute seule et tremble encore un peu. Il ne fait
toujours rien de bien utile, mais il garde sa main dans la
sienne pendant qu'ils patientent ensemble. Elle est heureuse
qu'il soit venu.

Quelques heures plus tard, après les radios, qui ne montrent rien de grave, et un petit pansement sur le sourcil, ils
repartent en taxi. Elle se tourne vers lui : « Tu sais, c'est fou
le bien que ça m'a fait que tu me tiennes la main pendant
tout ce temps où j'avais peur... » Et ils se sourient.

Les blessures ne se soignent pas avec de l'affection,
mais la solitude et la peur, si. Et même, on le sait maintenant,
la douleur. À l'université du Wisconsin, aux États-Unis,
Richard Davidson, l'un des plus grands chercheurs en neurosciences, a évalué la peur et la douleur chez des femmes
soumises à de petits chocs électriques. Une IRM (imagerie
par résonance magnétique) mesurait l'activité de leur cerveau.

Si elles étaient laissées seules pendant l'expérience, elles avaient peur, souffraient physiquement. Et leur cerveau émotionnel était particulièrement activé. Si un des membres du laboratoire, qu'elles n'avaient jamais rencontré auparavant et dont elles ne voyaient pas le visage, leur tenait simplement la main, elles avaient moins peur. Mais elles avaient toujours mal. Leur cerveau montrait moins d'anxiété, mais toujours l'activation de la douleur. En revanche, si leur mari leur tenait la main, alors là, le cerveau se calmait à tous les niveaux[1].

Quelque chose de remarquable passe à travers le contact physique. Quelque chose d'aussi fort qu'un médicament qui calmerait la douleur et la peur. Et plus la relation est forte, plus le « médicament » est efficace : son effet sur le cerveau de ces femmes était directement proportionnel à l'amour qu'elles ressentaient pour leur mari. Lorsqu'il leur tenait la main, on pouvait voir se modifier une des régions les plus profondes du cerveau émotionnel : l'hypothalamus. C'est lui qui régule la sécrétion de toutes les hormones du corps, et surtout des hormones du stress. Pouvoir agir ainsi sur l'hypothalamus – et sans effets secondaires – est le rêve de toute l'industrie pharmaceutique !

Les chercheurs de l'université du Wisconsin appellent la relation affective un « régulateur caché ». « Régulateur » parce qu'elle agit profondément sur les fonctions du cerveau, et « caché » parce que cela ne se voit pas quand tout va bien, mais joue un rôle clé dans une situation de stress ou de menace. Lorsque j'étais au Guatemala avec Médecins sans frontières, j'avais noté que les thérapeutes mayas avec qui je travaillais se tenaient souvent la main pendant les réunions de l'équipe, un peu comme des enfants. J'avais d'abord trouvé cela déconcertant, puis devant leurs larges sourires et

---

1. J. A. Coan, H. S. Schaefer, R. J. Davidson, « Lending a hand : social regulation of the neural response to threat », *in Psychological Science*, 2006, vol. 17, n⁰ 12, p. 1032-1039.

224

leurs éclats de rire affectueux, j'avais fini par me dire qu'ils étaient bien plus intelligents que nous. Pourquoi se priver d'un tel plaisir ?

Carla et Jacques l'avaient compris intuitivement ce soir-là aux urgences. Comme dans tant d'autres domaines, les Mayas avaient sans doute découvert bien avant nous un accès direct et simple à ce qu'il y a de plus profond dans notre nature : notre besoin de sentir physiquement la connexion à l'autre... et à l'amour. Et si on s'en servait davantage ?

Mars 2007

Se confronter à sa mortalité rend plus fort

Dans les années 1970, avant les progrès de la chimiothérapie, les femmes atteintes d'un cancer du sein métastatique sont presque systématiquement condamnées. Le cancer est alors encore une maladie dont on ne peut presque pas parler. En plus de la peur de la mort, les femmes souffrent de la honte et de la solitude.

À Stanford, Irving Yalom et David Spiegel, deux psychiatres visionnaires, décident de leur offrir une séance hebdomadaire de thérapie de groupe pour les faire parler de ce qu'elles vivent et, à travers la confrontation avec la mort – cet « acte formidable et solennel », comme l'appelle Tolstoï dans *La Mort d'Ivan Illitch* –, de les aider à... grandir. C'est un pari courageux.

Ces psychiatres, forts de leur connaissance de la philosophie existentialiste, vont pourtant créer un lien remarquable entre philosophie et médecine. J'ai rencontré David Spiegel à Stanford. Je lui ai demandé de m'expliquer sa démarche et en quoi la philosophie avait influencé son travail de thérapeute. Il raconte.

« Je m'étais surtout intéressé aux philosophes européens, Kierkegaard, Sartre, Merleau-Ponty, Heidegger, puis Kant et Hegel. L'actrice américaine Lily Tomlin a dit un jour : "J'ai toujours voulu devenir quelqu'un. Maintenant, je

227

réalise que j'aurais dû être plus spécifique." La philosophie existentielle suggère que nous devrions, en fait, être "moins" spécifique. Nous grandissons psychologiquement quand nous comprenons que les relations humaines authentiques requièrent d'aller au-delà des images de qui nous sommes, ou de qui les autres sont pour nous. Nous pouvons alors devenir libres de nous reconstituer et laissons aux autres la même liberté. À partir de cela, j'ai travaillé au développement d'une psycho-thérapie qui s'efforcerait de développer une relation authen-tique entre le thérapeute et les patients. Une thérapie qui encouragerait et honorerait les choix faits avec détermination, en particulier face à la mort.

« Aujourd'hui, après plusieurs décennies de travail de groupe avec des patients au bord de la mort, je suis convaincu d'une chose : se confronter à sa propre mortalité lorsque l'on accompagne la mort des autres et faire le deuil de leur départ, ça rend plus fort, ça n'affaiblit pas. Faire face à cette limite ultime permet d'approcher certains de ses aspects que l'on peut plus ou moins contrôler : les décisions médicales, l'in-timité et la communication avec les proches, voire la façon de mourir...

« Au fil des séances, les patients voient disparaître d'autres personnes atteintes de la même maladie qu'eux, qu'ils côtoient chaque semaine, qu'ils connaissent bien. Ils appréhendent le deuil et peuvent se représenter le leur lorsque ce sera leur tour de partir. Et ça, étrangement, c'est rassurant. Ils réalisent qu'ils ne s'éteindront pas sans laisser de trace, sans être remarqués.

« Emily, une patiente atteinte d'un cancer du sein qui participait à l'un de nos groupes, l'a exprimé ainsi : "Ce que j'ai trouvé au cours des premières séances s'apparente un peu à la peur que l'on éprouve quand on regarde par la fenêtre tout en haut d'un très grand immeuble, ou lorsqu'on est au bord du Grand Canyon. Au début, on est effrayé de sim-plement regarder en bas (j'ai facilement le vertige), puis, progressivement, on apprend à le faire et on se rend bien compte que si on tombe ce sera un désastre. Pourtant, on se sent plus fort parce que l'on a été capable de regarder. C'est ça que je ressens dans le groupe par rapport à la mort : je peux regarder en bas maintenant. Je ne peux pas dire que je me sens sereine, mais je peux regarder. »

Le mantra que j'enseigne à mes patients est : « Espérez le meilleur et préparez-vous au pire. » La clé est dans ce que l'on espère. Si une longue vie n'est plus une option, alors une utilisation riche de la vie qui reste est une très bonne alternative. J'ai rencontré le jour de sa mort une des femmes les plus remplies d'espoir que j'ai connues. Elle savait qu'elle allait partir, et elle avait planifié des rendez-vous toutes les quinze minutes avec chaque membre de sa grande famille. Elle voulait dire à chacun comment il devrait « se mettre au pas » dans sa façon de vivre sa vie, et elle attendait cette occasion avec beaucoup de plaisir. La philosophie nous confronte à nos limites, mais aussi à nos possibilités.

Dix ans après avoir arrêté d'animer ses groupes, David Spiegel a voulu savoir ce qui était arrivé à ces femmes qui avaient appris à devenir plus « authentiques » et à faire face à leurs plus grandes peurs. À sa grande surprise, elles avaient vécu deux fois plus longtemps que celles qui, avec un diagnostic identique, n'avaient pas participé à un groupe de parole[1]... Une puissance dans l'authenticité qu'aucun des grands philosophes n'avait anticipée.

Mai 2007

---

1. D. Spiegel, J. R. Bloom, H. C. Kraemer, E. Gottheil, « Effect of psychosocial treatment on survival of patients with metastatic breast cancer », *in The Lancet*, 1989, 2(8673) (nov. 18) : 1209-10.

Savoir prendre la main tendue

Avez-vous déjà regardé un nourrisson dans les yeux ? Sans doute lui avez-vous souri affectueusement, ou bien lui avez-vous parlé « bébé », lui répétant des mots tendres pour le faire réagir.

Au cours d'une expérience américaine menée à l'université de Virginie, Mary Ainsworth a demandé à des adultes de regarder des nouveau-nés de quelques semaines sans montrer aucune émotion. D'abord curieux, les bébés ont très vite émis des signes d'inquiétude puis, après quatre-vingt-dix secondes, de franche détresse si l'adulte persistait dans son refus de réagir et de s'engager dans un échange[1]...

On sait aujourd'hui que le cerveau des mammifères – et celui des humains en particulier – a besoin de cet échange constant de signes, de ce va-et-vient affectif pour se développer et se réguler. Le chercheur et psychothérapeute Daniel J. Siegel, de l'université de Californie à Los Angeles, nomme l'étude de ces échanges la neurobiologie interpersonnelle[2]. Prenons un enfant ignoré ou incompris, ou qui reçoit des

---

1. M. Ainsworth, M. Blehar, E. Waters, S. Wall « Patterns of attachment : a psychological study of the strange situation », *in Hillsdale*, NJ Erlbaum, 1978.
2. Daniel J. Siegel, *The Developing Mind*, The Guilford Press, 2001.

signaux déformés ou pervers : il ressentira une détresse immédiate. Si ce mode de communication déréglée persiste, il développera un manque d'estime de lui-même, voire un sentiment de honte.

Les psychothérapies l'ont compris : la réparation du moi passe par la relation au thérapeute. Celle-ci agit sur les neurones comme un nouveau régulateur du cerveau – on parle d'expérience émotionnelle corrective. Pendant longtemps, la psychanalyse a imposé comme règle à ses praticiens de rester le plus silencieux et le plus neutre possible dans leurs réactions aux patients, et de ne pas répondre à leur demande de réconfort, comme s'il y avait un risque à engager une relation plus « humaine ». Le fait de s'asseoir derrière le patient encourageait encore cette distance. Eh bien, comme le bébé face à un visage inexpressif, la plainte la plus fréquente des patients envers leur psychanalyste a toujours été : « Il ne me parle presque pas ! »

Aux États-Unis, j'ai suivi pendant huit ans une psychanalyse avec une femme devenue plus tard présidente de l'Association américaine de psychanalyse. Durant les quatre premières années, nous avons suivi le protocole imposant la distance. Et puis, un jour, au cours d'une séance, je me suis rappelé une banale tristesse d'enfant, un moment où je ne m'étais pas senti compris, où l'on n'avait pas su me réconforter. À cet instant, j'ai eu besoin que mon analyste corrige le passé, qu'elle me tienne la main. Assise derrière moi, elle n'a rien dit. Bien sûr, je connaissais la règle analytique qui interdit le contact physique. Pourtant, malgré la peur d'être rejeté une seconde fois, j'ai tendu ma main vers elle au-dessus de ma tête, et je lui ai demandé la sienne. Le silence a duré encore de longues secondes, et puis, dans un léger bruissement de tissu, j'ai senti sa main prendre la mienne. À ce moment précis, toute ma douleur d'enfant est ressortie d'un coup, sans mots, sans images, simplement par des sanglots profonds, qui m'ont paru interminables. Et puis tout est rentré dans l'ordre, sans que nous échangions un seul mot. Jamais je n'avais pleuré comme ça. Ces larmes m'ont fait beaucoup de bien.

Quinze ans plus tard, j'ai reçu un e-mail de cette analyste que je n'avais pas revue depuis des années. Elle avait lu un article que j'avais publié et me demandait des nouvelles de ma vie. Et puis elle ajoutait que la thérapie est souvent un processus que l'on ne maîtrise pas tout à fait, et que son souvenir le plus fort de nos séances était celui où nous nous étions tenu la main. Elle avait le sentiment que cela était sans doute aussi le mien. Elle avait raison, bien sûr. La relation humaine, authentique, sincère, avait compté bien plus que toutes les théories. Et dans cet échange de cœur, comme pour un bébé, quelque chose avait grandi en moi.

Juin 2007

« Je t'aime... »

C'est dire : « Quand nous faisons l'amour, je suis transporté dans une autre partie de moi que je ne connaissais pas, et où je me sens magiquement bien. » C'est dire, avec les Indiens yanomami : « *Ya pihi irakema* » (« J'ai été contaminé par ton être »). C'est dire : « Quelque chose de toi est entré en moi et y vit. Parce que je te vois la nuit dans mes rêves, parce que je sens ta présence, même quand tu n'es pas là. Parce que je ne peux plus imaginer ce que cela voudrait dire de vivre sans toi. »

Et pourtant, après que nous avons dit tout cela, avec toute notre sincérité, et que nous en avons répété l'essentiel devant le maire en écharpe officielle, nous divorçons encore dans plus de la moitié des cas[1]. Alors, que faudrait-il vraiment se dire, pour savoir si notre union est promise à un avenir solide ? À Seattle, le Love Lab des deux chercheurs John et Julie Gottman étudie la vie de couple sur le long terme. Ils ont voulu comprendre ce qui différencie les couples qui durent, dans l'harmonie, de ceux qui flambent – parfois avec brio et délice – comme un feu de paille[2].

---

1. Insee et ministère de la Justice, 2005.
2. John Gottman, *What Predicts Divorce ?*, Lawrence Erlbaum Associates, 1994.

D'après cette recherche, il faut que les deux partenaires puissent répondre « oui », en toute honnêteté, à trois questions en apparence simples, mais, en réalité, peut-être pas tant que ça :

« Aimeriez-vous avoir cette personne comme ami(e) ? » C'est-à-dire, auriez-vous avec elle une relation riche et féconde, si vous ne faisiez pas l'amour et si vous ne projetiez pas d'avoir un enfant ensemble. Cela élimine d'emblée toutes les personnes auxquelles nous ne sommes liés que par une attirance principalement physique ou par des projections qui font abstraction de la réalité toute simple de la vie au quotidien. Quand je dis « Je t'aime », est-ce que je dis bien « J'aime vivre à côté de toi, même sans caresses, et même sans fantasmes d'avenir » ?

« Respectez-vous cette personne en tant que personne (dans ses choix, sa manière d'être, ses valeurs) ? » C'est-à-dire, dans sa relation au monde et aux autres, en dehors de son comportement par rapport à vous. Cela nous permet de juger si nous l'aimons pour autre chose que ce qu'elle nous donne (qui ne durera peut-être pas), mais aussi pour sa façon d'être dans le monde (qui durera probablement toujours). Est-ce que je dis « Je t'aime » pour dire « J'aime le cadeau que tu fais au monde par ta simple présence » ?

« Êtes-vous prêt à accepter que certains défauts ne changent jamais ? » C'est-à-dire les défauts qui vous irritent déjà au quotidien et qui continueront presque sûrement de gripper la machine du couple, comme sa tendance à ne jamais rien ranger, son envie de voir des amis tous les week-ends... Mon « Je t'aime » veut-il dire que je me suis persuadé que ce qui ne me convient pas finira bien par s'estomper avec le temps ? Ou bien suis-je capable de te dire que tout ce que j'aime en toi est tellement fort, tellement unique, tellement désirable, que je t'aime malgré ce qui est et sera toujours différent de mon idéal ? Suis-je capable de me dire, au plus profond de moi, que je t'aime avec ta vérité ?

Pour ma part, je suis rassuré quand on peut ainsi allier romantisme et réalité. J'aime quand l'amour trouve sa vraie place : les pieds sur terre et la tête dans les étoiles.

Décembre 2007

Faisons un rêve

Pierre Rabhi[1] est un petit homme d'apparence modeste, dont la carrure ne traduit pas l'ampleur de la pensée, ni la force de caractère. Arrivé à 20 ans d'Algérie, il s'est installé en Ardèche, dans une ferme rocailleuse dont personne ne voulait. Quelques années plus tard, ce terrain inhospitalier était devenu une oasis verdoyante.

Depuis, il a formé des milliers de paysans – pauvres ou riches – d'Afrique centrale, du Maghreb ou d'Europe de l'Est. Objectif : leur montrer comment cultiver les terres difficiles sans les engrais ni les pesticides, souvent trop chers pour eux, en toute indépendance vis-à-vis des forces économiques et des ingénieurs agricoles occidentaux qui les décourageaient de vouloir même essayer[2]. Partout, on leur avait dit : « Si c'était vrai que l'on peut cultiver cette terre sans les produits chimiques de l'Occident, ça se saurait ?! »

Pourtant, l'Organisation de coopération et de développement économiques (OCDE) en 2003, puis l'Organisation des Nations unies (ONU) en 2007, ont publié des

1. Voir *Psychologies magazine* nº 268, novembre 2007, p. 138.
2. www.terre-humanisme.org

rapports[1] concluant que l'agriculture biologique pouvait répondre à tous les besoins en nourriture de la planète, avec un bien plus grand respect de l'environnement et en s'adaptant aux conditions spécifiques de chaque population... C'est vrai, et personne ne le fait...

Mark Gerzon est un Américain comme on les adore. Soixante ans, le regard clair et la silhouette élégante d'un Paul Newman. Avec sa voix posée et son intelligence perçante d'universitaire, il se consacre depuis trente ans à l'enseignement des méthodes efficaces de négociation et de résolution de conflits. Autant entre syndicats et patrons qu'entre tribus ennemies au Congo ou au Mali.

Il raconte comment son confrère à l'université Harvard, le Pr William Ury, fondateur du fameux Harvard Negotiation Project[2], a passé nuit et jour au téléphone pendant les mois qui précédaient la guerre en Irak. Avec ses méthodes éprouvées, il avait obtenu des principaux protagonistes les concessions nécessaires pour résoudre le conflit de façon pacifique. Et puis les intérêts économiques particuliers et les grandes gesticulations publiques des politiciens drapés dans leur « honneur national » – autant à Washington qu'à Bagdad – ont fini par triompher de la raison.

Comme l'affirme aujourd'hui une prestigieuse organisation internationale, l'East West Institute[3], des techniques assez simples de négociation peuvent éviter les conflits, dans tous les domaines, et laisser éclore la paix. C'est vrai, et personne ne le sait...

---

1. « Organic Agriculture : Sustainability, Markets and Policies », Organisation for Economic Cooperation and Development, 2003 et « Conférence internationale sur l'agriculture biologique et la sécurité alimentaire de l'Organisation des Nations unies pour l'alimentation et l'agriculture », Rome, 2007.
2. www.pon.harvard.edu/hnp
3. www.ewi.info

Faisons un rêve

En médecine, il est parfaitement démontré que les médicaments qui font baisser le cholestérol réduisent la mortalité cardiaque de seulement 15 % des gens qui les prennent. Pour les 85 % restants, ils n'ont pas d'incidence.

En revanche, l'exercice physique ou les apports nutritionnels en oméga-3 ont des effets bien plus importants que les médicaments[1]. Ou même que la pose d'un stent (prothèse interne servant à maintenir un vaisseau ouvert) pour élargir les artères du cœur[2]. De la même façon, il a été démontré que manger du poisson (gras) au moins une fois par semaine réduit de moitié le risque de maladie d'Alzheimer[3]. Il a aussi été démontré que la consommation régulière de certains fruits et légumes (combinée avec un peu d'activité physique) réduit de près de la moitié (40 %) le risque de cancer, si élevé dans les pays occidentaux comme la France[4]. Ou encore que l'exercice physique modéré est aussi efficace que les antidépresseurs[5]. Que des techniques aussi simples que la concentration sur sa respiration peuvent calmer l'anxiété, et même stimuler le

---

1. M. Studer, M. Briel, B. Leimenstoll, T. R. Glass et H.C. Bucher, « Effect of different antilipidemic agents and diets on mortality : a systematic review », *in Archives of Internal Medicine*, 2005, 165 : 725-30.

2. R. Hambrecht, C. Walther, S. Möbius-Winkler et coll., « Percutaneous coronary angioplasty compared with exercise training in patients with stable coronary artery disease : a randomized trial », *in Circulation*, 2004, 109(11) : 1371-8.

3. P. Barberger-Gateau, C. Raffaitin et coll., « Dietary patterns and risk of dementia : the three-city cohort study » *in Neurology*, 2007.

4. « Food, nutrition and the prevention of cancer : a global perspective », World Cancer Research Fund et American Institute for Research on Cancer, 1999.

5. « Up and running ? Exercise therapy and the treatment of mild or moderate depression in primary care », *in Mental Health Foundation*, 2005 et A. L. Dunn, M. H. Trivedi, J. B. Kampert, C. G. Clark et H. O. Chambliss, « Exercise treatment for depression : efficacy and dose response », *in American Journal of Preventive Medicine*, 2005, 28 : 1-8.

système immunitaire et la production d'anticorps[1]. C'est vrai, et personne ne le sait...

La faim, la guerre, la maladie. Trois des plus grands fléaux de l'humanité à propos desquels on nous répète inlassablement que nous sommes impuissants et que seuls nos experts et nos grandes industries peuvent apporter une solution. Et si c'était faux ? Et s'il était possible que les ressources de notre terre, les ressources de notre psyché et les ressources de notre corps soient bien plus puissantes et bien plus adaptées à la solution de nos problèmes que nous ne le pensons ?

C'est ce que suggèrent tous ces résultats encore récents. Et c'est à ce souffle nouveau, à cet espoir d'un avenir plus humain que je souhaite croire. Pour qu'il contribue à redonner à chacun de nous le sentiment – légitime – que nous pouvons, tous, par nos choix, créer un monde plus proche des valeurs qui nous relient.

Janvier 2008

---

1. J. J. Miller, K. Fletcher et J. Kabat-Zinn, « Three-year follow-up and clinical implications of a mindfulness meditation-based stress reduction intervention in the treatment of anxiety disorders », *in General Hospital Psychiatry*, 1995, 17(3) : 192-200, et P. Jin, « Efficacy of tai chi, brisk walking, meditation, and reading in reducing mental and emotional stress », *in Journal of Psychosomatic Research*, 1992, 36(4) : 361-70 et S. L. Shapiro, J. A. Astin, S. R. Bishop et M. Cordova, « Mindfulness-based stress reduction for health care professionals : results from a randomized trial », *in International Journal of Stress Management,* 2005, 12(2) : 164-76, et R. J. Davidson, J. Kabat-Zinn, J. Schumacher et coll., « Alterations in brain and immune function produced by mindfulness meditation », *in Psychosomatic Medicine*, 2003, 65(4) : 564-70.

La nouvelle médecine : occidentale « et » alternative

À 43 ans, Linda était habituée aux crises d'asthme, dont elle souffrait depuis l'enfance. Mais, depuis quelques semaines, elle utilisait son inhalateur presque dix fois par jour... Au centre de médecine intégrative de l'université de Pittsburgh, aux États-Unis, la Dr Amy Stine vérifia ses médicaments et les résultats de ses tests respiratoires fonctionnels, puis questionna Linda sur d'éventuels changements dans sa vie : nouveau parfum, animal de compagnie, collègue ne respectant pas l'interdiction de fumer... Non, rien. En revanche, stressée par son travail, cela faisait deux mois qu'elle se demandait si elle pourrait conserver son poste. L'asthme est avant tout une allergie qui entraîne une inflammation des membranes des petites bronchioles et une production de mucus, qui bloquent la circulation de l'air. Amy Stine savait que certains stress provoquent ces réactions inflammatoires. Elle fit rencontrer à Linda la professeure de yoga du centre, Beverly, afin que celle-ci lui apprenne à respirer différemment et à évacuer le stress plus facilement. Une séance de yoga par semaine peut réduire la fréquence des crises[1]. Beverly, à son tour, l'encouragea à passer une heure avec John, le nutritionniste.

---

1. « Sahaja yoga in the management of moderate to severe asthma », *in Thorax*, 2002, 55 : 110-5.

L'objectif ? Lui apprendre à contrôler le niveau d'inflammation dans son corps en modifiant son alimentation : moins d'oméga-6 (huile de tournesol, produits laitiers, viandes rouges...), plus d'oméga-3 (huile de colza, graines de lin, sardines...), et du curcuma plusieurs fois par semaine[1]. Après avoir appris la respiration abdominale profonde du yoga et intégré les changements de régime, Laura fut étonnée de constater qu'elle utilisait même moins ses médicaments qu'avant sa période de stress. Ravie d'avoir appris à utiliser ses propres ressources pour reprendre la maîtrise de son corps, elle se demandait pourquoi personne, pendant ses trente ans passés avec sa maladie, ne lui avait jamais parlé de ces approches.

Aujourd'hui, 75 % des facultés de médecine américaines ont inclus dans leur enseignement obligatoire au moins un cours sur les méthodes dites complémentaires et alternatives[2]. Et les dix-huit hôpitaux universitaires les plus cotés du pays ont tous créé un centre de médecine dite intégrative ou intégrée, qui offre méditation, yoga, acupuncture ou hypnose en complément des traitements classiques[3].

La seule mesure qui compte véritablement en médecine n'est pas de savoir si un traitement est « occidental » ou « alternatif », mais simplement de savoir s'il est efficace et s'il a un minimum d'effets secondaires. C'est ce que demandent, légitimement, les patients. Et ce sont eux qui imposeront à notre système médical, aussi traditionnel soit-il, d'intégrer ces nouvelles thérapies.

Mars 2008

---

1. « Protective effect of fish oil supplementation on exercise-induced bronchoconstriction in asthma », *in Chest*, 2006, janvier, 129 (1) : 39-49.
2. « Educational programs in US medical schools, 2002-2003 », *in JAMA*, 290.
3. « Embracing alternative care : top hospitals put unorthodox therapies into practice », *in US News & World Report*, 21 janvier 2008.

Quatre médicaments
ou une alimentation différente ?

Lorsque j'étais à Pittsburgh, je souffrais souvent de brûlures d'estomac. J'en ai parlé à des collègues qui m'ont avoué prendre chaque soir un antiacide pour éviter ce type de désagrément. À la même époque, je suis tombé sur une affiche publicitaire pour une nouvelle chaîne de restauration rapide : un symbole de la pensée médicale moderne. Au-dessus d'une part de pizza particulièrement épaisse, débordant de lourd fromage grillé et garnie de toute sorte de charcuterie, ce slogan quasi hallucinatoire : « La seule chose qui lui manque, c'est l'antiacide. »

Un des défauts les plus flagrants de notre système de santé, c'est de traiter chaque symptôme de notre corps par un médicament, sans jamais prendre en compte le fait qu'il n'est souvent que le reflet d'un déséquilibre dans notre style de vie. Pour suivre ses patients, un bon généraliste mesure par exemple régulièrement la tension artérielle, le taux de glucose dans le sang, la sécrétion d'insuline, le cholestérol, les triglycérides, les facteurs d'inflammation, en plus du poids et du tour de taille (des indicateurs certains d'une dégradation de l'état général de santé s'ils augmentent trop). Si les valeurs sont anormales, il prescrira, pour chacun de ces tests, un médicament particulier : un antihypertenseur, un hypoglycémiant, une statine pour réduire le cholestérol, un anti-inflammatoire...

C'est ainsi qu'un bon nombre de personnes de plus de 65 ans prennent une petite poignée de médicaments chaque jour, résultat de l'implacable logique « un symptôme : une pilule ».

En Italie, au début des années 2000, un groupe de chercheurs de l'université de Naples a fait une démonstration éblouissante d'une autre manière de traiter ces problèmes. Ils ont choisi cent quatre-vingts patients dont la biologie était désorganisée selon le modèle occidental habituel : surpoids, hypertension, trop de cholestérol, trop d'inflammation, trop de sucre et d'insuline dans le sang. La moitié de ces patients ont suivi un régime « sain » pauvre en cholestérol. L'autre moitié, un régime méditerranéen.

Au bout de deux ans, les résultats étaient spectaculaires : les patients qui avaient suivi le régime méditerranéen avaient vu une amélioration de tous les paramètres de santé. Sans un seul médicament. Moins de tension artérielle, moins de cholestérol et triglycérides, une glycémie plus proche de la normale, l'inflammation contrôlée, et même une perte de poids de quatre kilos en moyenne (contre un kilo dans l'autre groupe)[1].

Pas un seul médicament au monde ne peut avoir autant d'effets positifs en même temps sur la santé. Mais, non brevetable, ce régime miracle ne fait l'objet que de peu de recherche et n'est que rarement enseigné dans les facultés de médecine. Et, avec ce type d'alimentation, plus besoin de prendre d'antiacide pour les brûlures d'estomac...

Avril 2008

---

1. Esposito K, Marfella R, Ciotola M, et coll., « Effect of a Mediterranean-Style Diet on Endothelial Dysfunction and Markers of Vascular Inflammation in the Metabolic Syndrome : A Randomized Trial », *in JAMA*, 2004, 292(12) : 1440-6.

Cancer et soin de soi : la nouvelle donne

Depuis des années, on entend dire que le cancer est avant tout une maladie des gènes. C'est en partie vrai, mais nos comportements aussi peuvent lutter contre la maladie. Il est avéré que le cancer se développe à partir d'un code génétique anormal. Le plus souvent en raison d'une exposition à des toxines qui attaquent l'ADN (tabac, alcool, radiations, amiante, benzène...). Beaucoup plus rarement à cause des gènes défectueux hérités de ses parents. Il est également exact que le cancer se transmet dans les familles d'une génération à une autre. C'est pourquoi votre médecin vous demande s'il y a eu des cas dans votre entourage proche lorsqu'il évalue vos risques de développer la maladie. Mais on sait aujourd'hui que cette transmission vient surtout des habitudes de vie qui se perpétuent d'une génération à l'autre, et non des gènes !

De fait, les enfants adoptés à la naissance et dont les parents sont morts très jeunes d'un cancer (avant 50 ans) présentent le risque de développer la maladie de leurs parents adoptifs, et non de leurs parents biologiques[1] ! Deux études

___

1. T. I. Sorensen, G. G. Nielsen, P. K. Andersen et T. W. Teasdale, « Genetic and environmental influences on premature death in adult adoptees », *in The New England Journal of Medicine*, 24 mars 1988.

récentes sont venues confirmer le rôle prépondérant de quatre règles d'hygiène de vie très simples en matière de prévention du cancer.

Les personnes qui ne fument pas, boivent modérément (moins de deux verres de vin par jour), font un peu d'exercice (au moins trente minutes quotidiennes, dont la marche), et mangent des fruits et des légumes tous les jours, ont jusqu'à quatre fois moins de risques que les autres de développer un cancer ! Le bénéfice de ces bonnes habitudes est comparable à celui que l'on observe pour les maladies cardio-vasculaires (identique dans l'une des deux études). Les personnes qui observent ces quatre règles vivent en moyenne quatorze ans de plus que celles qui n'en observent aucune ! Pourquoi dit-on à des patients qui ont une maladie du cœur qu'ils peuvent agir et rien à ceux qui veulent éviter un cancer ou en guérir ? Il y a encore à peine quarante ans, on faisait exactement la même erreur avec les cardiaques : on leur disait de se reposer au maximum et de ne faire aucun effort qui risquerait de trop tirer sur leur cœur. En réalité, plus ils se « reposaient » et moins leur cœur allait bien. Aujourd'hui, on leur demande de reprendre une activité physique seulement quelques jours après un infarctus (progressivement, bien entendu), car on sait à quel point c'est bénéfique pour leur santé. Nous sommes très en retard en matière de cancer pour ce qui est de ces règles de vie. Mais rien n'empêche chacun de nous de commencer à se prendre en main dès aujourd'hui. Que ce soit avant ou après l'apparition de la maladie.

Mai 2008

Fais comme l'oiseau

Sandrine est découragée. Elle regarde autour d'elle : le réchauffement climatique détruit la planète, les enfants mangent de plus en plus mal et deviennent obèses, les grandes entreprises ne pensent plus qu'à faire des profits par tous les moyens, les politiciens sont contrôlés par les lobbies, les professeurs baissent les bras devant la violence des élèves, les médecins prescrivent de plus en plus de médicaments... Elle n'a plus l'énergie de se battre contre tout ça. Elle a juste envie de se mettre en boule, avec ses enfants, sous une couette, et d'attendre que « ça » passe...

Mais son amie Isabelle voit les choses autrement. Après avoir été une rebelle, une agitatrice d'idées, une activiste verte engagée, elle a fini par adopter une attitude qui la rend plus sereine et plus sûre d'elle : « On ne peut pas passer sa vie dans une lutte éperdue contre le côté obscur de la force », dit-elle en évoquant la vision manichéenne de l'univers de *La Guerre des étoiles*. Elle propose une autre métaphore : « Dans une pièce entièrement noire, il suffit d'allumer une bougie pour que la lumière se répande partout. » De la même façon, si chacun apprend à mieux vivre sa propre vie, s'il devient maître de son « écologie personnelle », petit à petit, par effet de proximité, le rayonnement de sa pensée, la douceur de ses gestes, la chaleur de son cœur, contribueront à faire évoluer les personnes qui l'entourent. Comme dans un cristal en formation, c'est tout l'ensemble qui prendra une nouvelle configuration.

Une vision idéaliste ? Mystique ? À l'université de Leeds, en Angleterre, des chercheurs anglais se passionnent depuis des années pour les mécanismes par lesquels les animaux donnent forme à leurs comportements de groupe : les nuées d'oiseaux ou d'insectes, les bancs de poissons, les troupeaux de buffles, de moutons... tous capables de prendre des décisions collectives sans pourtant jamais se parler ! Pour voir s'il en allait de même avec les humains, ils ont demandé à deux cents volontaires de marcher dans un immense hall en tous sens, mais sans jamais être à plus d'une longueur de bras d'une autre personne. Seulement dix personnes sur les deux cents avaient reçu – séparément – des instructions sur une direction à prendre dans leur marche, et au bout de quelques minutes tout le groupe adoptait la même direction et devenait parfaitement organisé. Sans un seul échange de paroles. Et sans aucune suggestion préalable de « faire comme les autres »[1].

Cinq pour cent ! Si seulement 5 % d'entre nous se mettaient à agir différemment, à montrer une voie plus respectueuse de notre environnement, plus respectueuse de chacun, pourrions-nous changer le comportement de toute la planète ? L'anthropologue américaine Margaret Mead disait : « Ne doutez jamais du fait qu'un petit groupe de citoyens éclairés et déterminés puisse changer le monde. En fait, on n'a jamais pu le changer autrement. » On commence demain ?

Juin 2008

---

1. John R. G. Dyer, Christos C. Ioannou, Lesley J. Morrell, Darren P. Croft, Iain D. Couzin, Dean A. Waters et Jens Krause, « Consensus decision making in human crowds », *in Animal Behaviour*, février 2008.

Maigrir en respirant

Assis au bureau sans prétention de son cabinet médical, le Dr David O'Hare, auteur de *Maigrir par la cohérence cardiaque*[1], regardait Martine avec perplexité. Elle venait de lui dire qu'elle avait perdu dix kilos en trois mois, sans régime. Il l'avait suivie par le passé au cours d'une consultation en nutrition, sans aucun succès. Il lui demanda auquel de ses confrères elle s'était adressée et si elle avait pris des coupe-faim (qui ne marchent qu'à très court terme). Non, elle n'avait rien pris, ni n'avait consulté.

Institutrice dans une banlieue difficile, avec des collègues qu'elle n'appréciait guère, elle avait simplement suivi ses conseils pour mieux gérer son stress grâce à la respiration. Un peu sceptique, le Dr O'Hare s'était alors souvenu de plusieurs autres patientes qui lui avaient dit se « sentir plus légères » depuis qu'elles pratiquaient ses exercices de respiration. Pouvait-il y avoir un lien entre « se sentir » plus léger et l'« être » vraiment ?

Spécialisé dans le traitement de l'obésité depuis vingt ans, le Dr O'Hare s'était peu à peu désintéressé des régimes (près de 90 % des personnes qui en suivent un pour maigrir

---

1. Thierry Souccar Éditions, 2008.

retrouvent leur poids initial au bout de quelques années[1], pour se concentrer sur la gestion du stress de ses patients – surtout des patientes – par la méthode de la respiration en cohérence cardiaque.

Pour commencer, il leur avait appris à prendre deux ou trois pauses de trois minutes dans la journée, pour respirer profondément et calmement, au rythme de six respirations par minute – à chronométrer avec un simple minuteur de cuisine. Au bout de deux semaines, lorsqu'elles maîtrisaient bien ce rythme, il leur demandait de se remémorer les scènes pénibles de leur vie quotidienne ayant déclenché des émotions négatives.

Ensuite, elles associaient ces images avec le rythme apaisant de la respiration en cohérence cardiaque. Dans le cas de Martine, c'était la confrontation quasi quotidienne avec ses collègues de l'école qui la stressait. Elle reconnaissait d'ailleurs aller travailler « la peur au ventre ». Du coup, sans même s'en rendre compte, elle tentait de calmer cette angoisse en avalant ce qu'elle avait sous la main : tartines le matin, barres chocolatées à son travail, canettes de soda pendant les pauses, dîner copieux le soir pour se réconforter après une journée difficile. Depuis qu'elle pratiquait régulièrement la respiration en cohérence cardiaque, elle avait constaté qu'elle n'avait plus ce poids dans la poitrine, ni cette pression dans le ventre. Comme si elle « se sentait » plus légère.

De fait, elle n'avait plus besoin de calmer ses sensations désagréables avec la nourriture. Au contraire, elle était plus à l'écoute de ce que son corps lui disait vraiment. Si une émotion lui pesait, Martine avait le sentiment de lui « parler » à travers la douceur de sa respiration rythmée, comme on rassure un enfant qui perd ses nerfs. Quand elle ressentait la

---

1. G. Kenneth Goodrick et J.-P. Foreyt, « Why treatments for obesity don't last », *in Journal of the American Dietetic Association*, octobre 1991.

faim, il lui était plus facile de reconnaître que des aliments sains et des portions raisonnables la contenteraient. Elle avait même découvert qu'attendre un peu après avoir mangé déclenchait une sensation de satiété qui la faisait s'arrêter.

Quel est le mécanisme de cette respiration particulière et ancestrale ? Est-ce une simple forme de méditation ou d'introspection ? En fait, comme dans la récitation de certains mantras bouddhiques ou du rosaire (en latin), un rythme de six respirations par minute permet de stabiliser les influences antagonistes des systèmes nerveux dits « sympathiques » et « parasympathiques », qui influencent notre biologie et nos comportements[1]. Laisser baigner nos émotions négatives dans cet état apaisé pourrait alléger non seulement l'esprit, mais aussi le corps.

Octobre 2008

---

1. L. Bernardi, P. Sleight, G. Bandinelli et A. Lagi, « Effect of rosary prayer and yoga mantras on autonomic cardiovascular rhythms : comparative study », *in British Medical Journal*, décembre 2001.

Stimuler son énergie vitale

Il est des moments dans la vie, lorsque tout va mal, où l'on se demande ce qui pourrait nous faire tenir et continuer à aller de l'avant. En 1930, l'aviateur Henri Guillaumet s'était écrasé dans les Andes. Après des jours de marche dans un froid glacial, sans dormir ni manger, son moral et sa force physique s'effondrèrent. Épuisé, il se laissa tomber dans la neige pour mourir. Pensant une dernière fois à sa femme, il décida dans un dernier effort de se relever et de s'allonger sur un rocher, pour que son corps soit plus facilement repéré. Une fois debout, porté par son amour pour elle, il continua à marcher sans s'arrêter et fut sauvé. L'image de son épouse et les sentiments qu'il éprouvait à son égard lui avaient redonné la force d'avancer au-delà de ses limites.

À l'université Columbia, aux États-Unis, le Pr Eric Kandel, prix Nobel de médecine en 2000 pour ses recherches sur les mécanismes de formation des nouveaux souvenirs entre neurones, vient de révéler une étude étonnante[1]. Il serait possible de conditionner le cerveau pour qu'il développe cette énergie vitale, même dans les moments de désespoir.

---

1. D. D. Pollak, F. J. Monje, L. Zuckerman, C. A. Denny, M. R. Drew et E. R. Kandel, « An animal model of a behavioral intervention for depression », *in Neuron*, octobre 2008.

Le chercheur s'est basé sur le test classique utilisé pour l'étude des antidépresseurs. Il s'agit de faire nager des souris dans un bassin dans lequel elles n'ont pas pied jusqu'à ce qu'elles perdent courage et se laissent couler. Un antidépresseur leur est alors administré. Il sera considéré comme efficace s'il augmente la volonté de vivre des souris et si elles se découragent moins vite.

Pour ses nouvelles recherches, Eric Kandel a légèrement modifié le test, en conditionnant au préalable des souris : d'un côté, elles ont été mises dans des situations de stress provoquées par des chocs électriques ; de l'autre, elles ont été apaisées par un signal sonore (un « bip »), jusqu'à développer un réflexe de sécurité dès qu'elles l'entendaient. Il les a ensuite soumises à la nage forcée. Lorsque, à bout de forces, elles ont commencé à se laisser sombrer, le scientifique a joué le « bip ». Immédiatement, les souris se sont remises à nager. Il a ainsi pu démontrer comment un déclencheur simple pouvait activer la formation de nouveaux neurones, et stimuler la libération de dopamine – phénomènes typiques de ce que l'on observe suite à l'administration d'un antidépresseur. Selon le chercheur, mondialement reconnu pour ses travaux en neurobiologie, cette expérience montre l'efficacité, aux niveaux les plus profonds du cerveau, des interventions de réduction du stress, comme la psychothérapie, la méditation...

On peut aller plus loin encore. L'étude d'Eric Kandel suggère qu'il est possible de conditionner le cerveau, non pas à la peur ou à la salivation comme on le sait depuis Pavlov, mais à la bonne humeur et à l'énergie vitale ! Nous utilisons souvent cette aptitude de notre cerveau, sans y prêter attention. C'est exactement ce que nous faisons lorsque, pendant un moment difficile, nous visualisons consciemment des images de nos vacances à la mer, d'un certain jardin à la campagne, d'une maison d'enfance aux recoins magiques, ou simplement l'image de notre enfant au sourire radieux ou de notre partenaire de vie auprès de qui nous nous sentons si bien. Grâce à ces images, nous nous redonnons une charge d'énergie pour repartir.

Cette nouvelle démonstration d'Eric Kandel doit nous inciter à tirer profit plus systématiquement du « câblage » de notre cerveau. Nous devrions autant que possible nous entourer de musique, de parfums (des huiles essentielles, par exemple), de photos, d'animaux, de personnes qui réveillent en nous ce sentiment de sécurité ancré dans notre passé. C'est sans doute le meilleur antidépresseur naturel qui soit, et, plus encore, l'un des meilleurs stimulants de notre force vitale...

Décembre 2008

La douceur de ta main

Dans le film *Nuits blanches à Seattle*, de Nora Ephron (1993), Meg Ryan rêve de rencontrer l'homme dont le contact de la main lui procurera ce rare sentiment de paix et de sécurité auquel aspire secrètement chaque être humain. Est-ce un fantasme hollywoodien, ou bien y a-t-il une réalité derrière cette idée que le simple contact de la main de l'autre puisse « parler » à notre être profond ? Depuis trente ans, les études sociologiques ont établi avec certitude que les personnes qui vivent – heureuses – en couple sont en meilleure santé. Elles ont moins de rhumes, moins de maladies cardiaques, et même moins de cancers[1]. Quelques études suggèrent désormais que ce serait précisément grâce aux effets du contact physique amoureux.

À l'université de Zurich, en Suisse, la chercheuse Beate Ditzen a demandé à des femmes heureuses dans leur mariage de passer une épreuve en public et devant un jury. Comme pour 90 % des humains, cela a généré en elles un stress important. Certaines d'entre elles n'ont eu aucun contact avec

---

1. N. J. Johnson, E. Backlund, P. D. Sorlie et C. A. Loveless, « Marital status and mortality : the national longitudinal mortality study », *in Annals of Epidemiology*, mai 2000.

leur mari avant leur « examen ». Leur rythme cardiaque et le niveau des hormones de stress (comme le cortisol, le principal indicateur biologique du stress) ont augmenté brutalement. Celles à qui les maris avaient dit des mots d'encouragement avant l'épreuve n'ont pas été davantage protégées des effets du stress que s'ils n'avaient pas été là. En revanche, celles qui avaient reçu un petit massage des épaules et du cou (dix minutes, avec un peu d'huile) de l'homme qu'elles aimaient ont traversé l'épreuve avec beaucoup plus de calme. Leur rythme cardiaque et leur niveau de cortisol sont eux aussi restés normaux[1].

Au cours d'une autre étude, la même équipe a suivi cinquante et un couples de très près pendant une semaine. Plus ces femmes et ces hommes se touchaient, ou faisaient l'amour, et moins leur cortisol était élevé. Là encore, ce n'était pas la qualité des échanges émotionnels par la parole qui faisait une différence, mais bien le temps passé chaque jour à se toucher la main, à se prendre dans les bras ou à se caresser la peau. Et plus ils enduraient de stress au bureau, plus l'effet protecteur du toucher sur les montées de cortisol – et sur leur humeur – était marqué[2].

Les perruches, comme les singes, les chiens, les chats – et les enfants ! –, semblent savoir mieux que nous comment prendre soin de leur physiologie de cette manière. Les animaux recherchent sans arrêt le contact physique avec ceux en qui ils ont confiance. Ils s'en nourrissent comme on peut se nourrir d'autres énergies : celles de l'air, de l'eau, de la nourriture, d'un feu de cheminée ou du soleil...

---

1. B. Ditzen, S. Schmidt, B. Strauss, U.M. Nater, U. Ehlert et M. Heinrichs, « Adult attachment and social support interact to reduce psychological but not cortisol responses to stress », *in Journal of Psychosomatic Research*, mai 2008.
2. B. Ditzen, I. D. Neumann, G. Bodenmann et coll., « Effects of different kinds of couple interaction on cortisol and heart rate responses to stress in women », *in Psychoneuroendocrinology*, juin 2007.

Pour nous, humains adultes, c'est un aspect de notre vie que nous négligeons souvent. Combien d'hommes et de femmes se sont mis en couple avec quelqu'un dont, au fond, ils n'aiment vraiment ni l'odeur ni le contact de la peau ? D'autres couples, au contraire, nous surprennent parfois tant ils semblent dépareillés au niveau de leurs intérêts ou de leurs origines, mais on voit d'emblée qu'ils sont bien, comme « posés » lorsqu'ils sont l'un à côté de l'autre, souvent même tout à côté l'un de l'autre. Sans doute ont-ils répondu à cet appel « animal » au fond d'eux qui leur a fait sentir que quelque chose – leur cortisol ? – réagissait à la présence physique de ce partenaire-là.

Voilà encore une énergie, une ressource inépuisable et gratuite dont nous pouvons tous apprendre à tirer profit et à offrir, avant chaque examen, chaque épreuve au bureau, à l'occasion de chaque revers de l'existence, ou bien simplement comme ça, pour rien, comme on respire ou comme on se met au soleil. Pour sentir, à travers la douceur de la main, la douceur de la vie.

Janvier 2009

Garder l'espoir

Ripley m'écrit une lettre poignante. « Cancer du sein en octobre 2005 : le choc. Fin de traitement dix-huit mois plus tard, je vous passe les détails... Tout devrait aller parfaitement à présent, et d'ailleurs, je présente bien ! En réalité, je vis sans cesse dans l'angoisse de la récidive... je ne vis pas, je survis. Je suis infirmière anesthésiste et, tous les jours, je vois des patients qui rechutent. J'envie votre énergie. Chez moi, elle est cassée, et, pourtant, je vous promets qu'elle existait. Ce qui me frappe, c'est le décalage entre l'apparence et le mental. Et je trouve que le temps ne change rien à cela. »

Que s'est-il passé quand, malgré un traitement réussi, le souvenir d'une maladie suffit à nous voler notre énergie vitale ?

Souvent, c'est le signe que nous avons vécu notre maladie comme un traumatisme psychologique. Comme s'il s'était agi d'un braquage, ou d'un viol. Toute situation terrible d'impuissance laisse ses marques dans notre cerveau émotionnel. Le souvenir en reste si vivant qu'il colore – comme un filtre devant nos yeux – tout ce qui nous arrive, même longtemps après l'événement. Avoir éprouvé cette impuissance au plus profond de notre être peut nous laisser avec le sentiment qu'il n'y a rien de bon à attendre de la vie, que nous n'y avons plus notre place. Et c'est cela qui nous vole notre énergie, notre élan vers les autres, vers l'avenir.

Plus grave encore, s'ils persistent dans le temps, l'impuissance et le désespoir sont les états émotionnels qui fragilisent le plus les défenses naturelles du corps contre la maladie. Une étude américaine marquante[1], de l'université de Berkeley, en Californie, a permis de prédire le risque de maladies à venir en fonction des réponses à deux questions très simples posées aux personnes interrogées : « Avez-vous le sentiment qu'il est impossible pour vous d'atteindre les objectifs que vous vous fixez ? » ; « Avez-vous l'impression que votre futur est sans espoir et qu'il vous est difficile de croire que les choses vont s'améliorer pour vous ? » Ceux qui répondaient « oui » à ces deux questions avaient trois fois plus de risque d'avoir un cancer dans les six ans, et quatre fois plus d'avoir une maladie cardio-vasculaire (infarctus, attaque cérébrale ou autre). Or ce désespoir est le plus souvent une illusion. Il résulte des échecs passés que nous n'avons jamais réussi à dépasser (échecs scolaires, amoureux, professionnels, etc.) et du regard des autres (parfois, malheureusement, celui de nos propres médecins), quand ils ne croient pas que nous pouvons changer le cours de notre existence.

Lorsque j'ai moi-même appris que mon cancer avait récidivé, il y a neuf ans maintenant, je sais ce qui m'a formidablement aidé à sortir du sentiment initial, terrible, d'impuissance : d'abord d'avoir soigné mes traumatismes du passé (grâce à la thérapie EMDR[2]), puis d'avoir appris ce que je pouvais faire pour m'aider moi-même en plus des traitements conventionnels. Tout ce qui nous permet, lorsque

---

1. S. Everson, D. Goldberg, G. Kaplan, et coll., « Hopelessness and risk of mortality and incidence of myocardial infarction and cancer », *in Psychosomatic Medicine*, mars-avril 1996.
2. *Cf.* note 1, p. 48.

Garder l'espoir

l'on a connu le cancer, de retrouver un peu de contrôle sur notre corps et sur nos émotions, nous libère, petit à petit, du désespoir, et renforce du même coup notre capacité physique à faire face à la maladie, et à nous engager, de tout notre élan, dans la vie.

Février 2009

Le bonheur, c'est celui
que l'on donne aux autres

Autour d'un brunch dans un restaurant proche de leurs laboratoires du Massachusetts Institute of Technology, aux États-Unis, Laura et Jack me parlent de leurs brillantes carrières. Curieusement, ils baissent un peu les yeux. Jeunes quinquas, toujours minces et beaux, je les ai pourtant toujours connus avec le regard clair des Américains à qui tout a réussi. Mais là, mes deux amis – l'un et l'autre déjà quasiment « nobélisables » – reconnaissent qu'ils n'ont plus le feu sacré. « Tu vois, au bout d'un moment, on comprend que ça ne va pas changer le monde de publier un article scientifique de plus, et que les prix et les honneurs des communications dans les congrès internationaux, c'est assez vain. Ça ne nourrit pas l'âme. C'est un peu tard pour le comprendre, mais, aujourd'hui, nous cherchons plutôt comment nous réinventer... » Une de leurs tâches, en tant que directeurs de laboratoire, continue malgré tout de les faire vibrer : « Passer du temps avec les jeunes doctorants qui travaillent avec nous, leur enseigner ce que nous avons appris, les aider à créer, les stimuler pour qu'ils soient plus audacieux, plus rigoureux, les aider à piloter leur carrière..., c'est une des grandes joies de notre métier. Peut-être que c'est à cela que nous devrions nous consacrer plus particulièrement maintenant. » Cela ne me surprend pas. Je me souviens d'un de mes maîtres en psychothérapie qui me disait que les métiers où les gens sont les plus heureux sont ceux qui permettent le plus directement d'aider quelqu'un : pompier, psychologue, médecin, assistante sociale... Moi-même, à un moment, j'ai quitté mon laboratoire pour pouvoir me consacrer aux dispensaires dans lesquels j'avais commencé à travailler et à mon engagement avec Médecins sans frontières. Je voulais être, au jour le jour, plus proche des êtres humains plutôt que près des machines de mon centre de recherche. Matthieu Ricard, moine et philosophe bouddhiste, aime à rappeler que la seule source de bien-être durable, ce n'est pas ce que l'on fait pour se faire plaisir à soi, mais ce que l'on fait pour faire plaisir aux autres. N'aurions-nous pas le pouvoir de nous tourner chaque jour davantage vers les autres que vers nous-même, ne serait-ce que dans le but « égoïste » d'être plus heureux ? À l'université de Vancouver, au Canada, la chercheuse Elizabeth Dunn a distribué de l'argent à deux groupes d'étudiants. Les premiers devaient le dépenser pour eux-mêmes. Les seconds devaient faire un cadeau à quelqu'un ou un don à un organisme caritatif. À leur retour, ceux qui s'étaient offert des vêtements ou des gadgets avaient eu un plaisir instantané, mais n'en avaient gardé aucune satisfaction durable. Les autres, au contraire, après avoir fait plaisir à quelqu'un, étaient rayonnants. Le père Ceyrac a écrit *Tout ce qui n'est pas donné est perdu !*[1] Je ne sais pas si j'irais jusque-là. Mais ce dont je suis certain, c'est qu'à l'occasion d'un prochain coup de blues, nous aurons tout intérêt à nous asseoir et à penser à un proche auquel nous pourrions rendre service plutôt que faire du shopping ou d'engloutir un pot de glace. Et si nous adoptions tous ce modèle du plaisir sur un mode altruiste, cela ne pourrait que mettre un peu de lumière dans cette année de crise.

Mars 2009

---

1. Desclée de Brouwer, 2000.

On ne peut pas vivre en bonne santé
sur une planète malade

La planète va très mal, donc nous aussi. Mon ami Michael Lerner a fondé, à la fin des années 1970, un centre d'accompagnement des personnes qui souffrent d'un cancer. On y enseigne la nutrition, le yoga, une plus grande conscience de la valeur de sa propre vie pour apprendre à mieux la soigner. Mais depuis les années 1990, devant l'afflux de patients de plus en plus jeunes – dont les maladies ne peuvent a priori s'expliquer que par la dégradation de notre environnement –, Michael s'est trouvé face à un constat effrayant : on ne peut pas vivre en bonne santé sur une planète malade. Il y a mille manières de montrer que la santé de la planète et la santé de chacun d'entre nous sont intimement liées. Mais si nous devions choisir « une » action, celle qui aurait le plus grand impact sur l'équilibre écologique, quelle serait-elle ? Moins prendre sa voiture ? Ne pas laisser couler l'eau quand nous nous lavons les dents ? Manger bio ? Mieux trier les ordures ? Non, ce serait simplement celle qui a aussi le plus grand impact positif et immédiat sur notre propre santé : manger moins de viande !

À méditer : 30 % des terres arables sont cultivées pour nourrir le bétail, et c'est une des principales causes de la déforestation. Les engrais et les pesticides utilisés pour ces cultures de maïs et de soja sont une des principales sources de dénaturation des sols et de pollution des rivières. Les gaz à effet de serre émis par le bétail contribuent davantage au réchauffement climatique que l'ensemble de l'industrie du transport – le *New York Times* a récemment calculé que si les Américains réduisaient leur consommation de viande de 20 %, cela équivaudrait à remplacer toutes les voitures du continent par des modèles hybrides[1].

Le Fonds mondial de recherche contre le cancer concluait en 2007 que la consommation moyenne de viande rouge par personne ne devrait pas excéder cinq cents grammes par semaine[2]. En Europe de l'Ouest, elle est évaluée à deux cent cinquante grammes par jour, et la France est en tête des pays européens. Un Indien en consomme en moyenne quatorze grammes par jour, et, à âge égal, vit en meilleure santé qu'un Occidental (moins d'Alzheimer, de cancers, de maladies cardio-vasculaires). Fascinant de voir comme tout est connecté ! Et que la meilleure chose que nous puissions faire pour la Terre soit aussi une des plus largement démontrées pour protéger notre santé !

En 1854, le chef Seattle des tribus indiennes du Nord-Ouest remit solennellement son territoire et son peuple à la souveraineté des États-Unis. Le discours qu'il prononça à cette occasion a servi d'inspiration, un siècle plus tard, au mouvement écologiste, qui l'a réinterprété de manière particulièrement percutante. Le testament du chef s'adresse, de façon plus pressante que jamais, aux descendants des colons blancs que nous sommes : « Enseignez à vos enfants ce que nous avons enseigné aux nôtres, que la Terre est notre mère.

---

1. Mark Bittman, « Rethinking the meat-guzzler », *in The New York Times*, 27 janvier 2008.
2. « Alimentation, nutrition, activité physique et prévention du cancer : une perspective mondiale », Fonds mondial de recherche contre le cancer et American Institute for Cancer Research, 2007.

On ne peut pas vivre en bonne santé sur une planète malade

Tout ce qui arrive à la Terre arrive aux fils de la Terre. Si les hommes crachent sur le sol, ils crachent sur eux-mêmes. La Terre n'appartient pas à l'homme ; l'homme appartient à la Terre. Toutes choses se tiennent comme le sang qui unit une même famille. Tout ce qui arrive à la Terre arrive aux fils de la Terre. »

Avril 2009

L'énergie de la colère

Un ancien conseiller de l'ex-président américain George W. Bush se souvient : « Un samedi matin, je reçois un appel du bureau ovale parce que le président est furieux au sujet de quelque chose. Je viens en chemise à col boutonné, et il me crie dessus pendant quinze minutes... sans me laisser passer le seuil de la porte, parce que je ne portais pas de cravate. » Quel est l'effet de la colère ? Pour ce conseiller, certainement de se sentir tout petit et de ne pas oublier de mettre une cravate la prochaine fois. Pour Bush ? De s'assurer qu'à l'avenir, il lui soit manifesté du respect. Mais sans doute surtout de se sentir – dans sa chair – plus grand, plus fort et plus puissant. Les émotions sont des énergies qui nous mettent en mouvement. Chacune déclenche des réactions physiologiques qui nous préparent à un certain type d'action. La peur nous prépare à la fuite, la dépression à la conservation de l'énergie, la joie à l'accueil de l'autre, etc. Et, de toutes les émotions, la colère est l'une des plus énergisantes. Elle nous invite à la défense du territoire, des êtres proches, de tout ce qui compte pour nous[1]. C'est une énergie qui nous donne de la force, affirme notre valeur. Mais si elle permet

---

1. Carroll E. Izard, *The Psychology of Emotions*, Kluwer Academic-Plenum Publishers, 2004.

de booster l'ego, elle a tendance à mettre en danger les relations. Il faut parfois des années pour réparer les conséquences d'une colère avec un ami. Et, avec un inconnu, on peut en venir aux poings, cela peut même se terminer à coups de couteau... et à l'hôpital. Ce n'est pas par hasard si la colère est souvent l'attribut des puissants. Attila avait des colères légendaires. Plus près de nous, l'ex-président américain Bill Clinton et, en France, Nicolas Sarkozy ont eu des excès du même type. Ils peuvent se le permettre, leurs collaborateurs ne les quitteront pas pour cela. La relation est sous contrainte. De fait, dans nos vies à nous – communs des mortels –, nous choisissons fréquemment d'aller puiser en nous l'énergie de la colère et de l'exprimer contre ceux qui ne peuvent pas nous quitter : nos partenaires et nos enfants. Nous nous permettons à leur endroit des mots que nous n'oserions jamais employer envers d'autres : « Je n'en peux plus de ta paresse. Tu es vraiment trop nul ! » Pas de quoi être fiers de nous. Pourtant, la colère est importante. Un groupe de singes ne survit que si, de temps en temps, l'un d'entre eux est remis à sa place parce qu'il a volé ou blessé l'un de ses congénères.

La colère est – aussi – une formidable régulatrice. Alors, comment profiter de la colère sans tout casser ni se sentir minable parce que nous ne nous en servons que sur nos enfants ou sur notre chien ? En apprenant à la gérer, c'est-à-dire à bénéficier de son énergie tout en prononçant les mots qui respectent la relation[1]. Il s'agit pour cela de :

• Se concentrer sur les actions objectives, en évitant les étiquettes ou le cynisme. À « Tu es nul », préférer : « Ça fait trois dimanches soir que tu n'as pas fait tes devoirs pour la semaine ! »

• Toujours se référer à ses besoins ou à sa position légitime : « Je suis responsable de toi, et ça m'inquiète de te

---

1. Marshall D. Rosenberg, *Les Mots sont des fenêtres (ou des murs), initiation à la communication non violente*, Jouvence, 2005.

voir te mettre dans des situations où je sais que tu vas souffrir ! »

• Faire une proposition de compromis : « Pourrions-nous trouver ensemble une façon d'éviter que cette situation se reproduise, et à laquelle tu te tiendras ? »

• Le tout en manifestant, avec son corps et sa voix, que quelque chose de très important est en jeu : hausser le ton, faire les gros yeux, mettre les épaules en avant, et même avoir le visage tout rouge si cela en vaut la peine.

La colère est puissante, dangereuse ou salvatrice. Pour être pleinement humain, il faut apprendre à la maîtriser[1].

Mai 2009

---

1. Thomas d'Ansembourg, *Cessez d'être gentil, soyez vrai !*, Les Éditions de l'Homme, 2003.

La vie en rire

Jerry Seinfeld est un grand humoriste new-yorkais. Il raconte comment, enfant, son père vendait des enseignes au néon et l'emmenait parfois avec lui démarcher les magasins de la région. Son père adorait les histoires drôles et ne manquait jamais d'en raconter une à ses clients potentiels. Souvent, en remontant dans le camion, son père lui disait : « Celui-là, on ne lui a rien vendu, mais on a bien rigolé, non ? Tu vois, c'est ça la beauté de mon métier. Quoi qu'il arrive, on a bien rigolé ! » Le rire est un soleil qui illumine notre quotidien. Si cette brillante lumière a suffisamment éclairé notre journée, nous nous posons dans notre lit plus doucement le soir venu, encore baigné de sa douceur. Le rire est un aimant. Déjà, au jardin d'enfants, nous allions vers les enfants qui avaient le plus l'air de s'amuser (un enfant de 5 ans éclaterait de rire entre vingt et cent fois par jour !). À la fac, nous continuions de privilégier les déjeuners avec les copains qui nous faisaient rigoler. Et, plus tard, au restaurant d'entreprise, combien de fois n'avons-nous pas souhaité être à la table du groupe là-bas qui s'esclaffe, plutôt qu'avec les collègues imposés ou le taciturne directeur de service ?

Le rire tisse le lien. Une publicité, dans les années 1980, faisait dire à Woody Allen : « La séduction, c'est 1 % mon parfum et 99 % d'humour. » Mais il ne s'agit pas seulement de séduction. Quand j'étais étudiant, je me souviens d'avoir rencontré un étudiant italien, avec qui je n'ai partagé qu'un long voyage dans le métro new-yorkais. Nous avions tellement ri de notre situation d'étrangers qui ne comprenaient pas les règles sociales américaines que je me rappelle parfaitement son nom. Et je sais que si nous nous rencontrions de nouveau aujourd'hui, cette amitié instantanée serait encore vivante, trente ans plus tard. Le rire est parfois une relation unique. Pascale et Karl sont mariés depuis quinze ans. Tous deux de nature plutôt studieuse et appliquée, ils ne sont ni l'un ni l'autre considérés comme de joyeux drilles par leur entourage. Un jour, pourtant, Pascale m'a confié un secret sur son couple : « Les gens ne nous trouvent pas particulièrement drôles, mais nous, nous nous faisons rire tout le temps. Après tout, c'est bien mieux comme ça que l'inverse ! » Le rire est contagieux et incontrôlable. Comme les bâillements, mais en plus gai ! Il suffit de regarder et d'écouter des personnes rire aux éclats pour commencer à sentir ce chatouillement dans l'abdomen qui contracte le diaphragme en rythme et prend le contrôle de notre respiration, de notre voix et des muscles de notre visage. C'est là tout le plaisir, comme lorsque nous faisons l'amour : sentir notre être s'abandonner à un autre état. Un état de légèreté, d'énergie, de joie. Si simple et pourtant si satisfaisant en même temps. Dans le corps, chaque épisode de rire aide à la circulation de la vie : la tension artérielle diminue, les artères du cœur facilitent le passage du sang et de l'oxygène, les deux branches du système nerveux autonome se rééquilibrent, et même les cellules immunitaires sont plus actives contre les virus ou contre le cancer[1]... Un

---

1. M. P. Bennett et C. Lengacher, « Humor and laughter may influence health : III. Laughter and healthoutcomes », *in Evidence-Based Complementary and Alternative Medicine*, 2007 ; M. P. Bennett et C. Lengacher, « Humor and laughter may influence health : IV. Humor and immune function », *in Evidence-Based Complementary and Alternative Medicine*, 2007 ; de S. Sakuragi, Y. Sugiyama et K. Takeuchi, « Effects of laughing and weeping on mood and heart rate variability », *in Journal of Physiological anthropology*, 2002, 21(3) : 159-65.

jour, en réfléchissant aux raisons qui m'avaient éloigné d'une carrière universitaire pourtant bien partie afin de me consacrer à mon travail de médecin praticien et d'enseignant, j'ai compris que mon choix tenait en partie au fait que l'on riait beaucoup plus au contact des êtres humains plongés dans la vie qu'à celui des chercheurs. Comme un animal qui migre vers le sud en hiver, j'avais suivi le soleil de cette vibration qui fabrique du bonheur, du lien, de la santé. Je ne l'ai jamais regretté.

Juin 2009

La parole du souvenir

Denise est belle, et son sourire irrésistible. Toute sa vie, elle a attiré les hommes et a connu leurs caresses. Pourtant, elle n'a jamais été à l'aise avec ce contact physique, qu'elle vivait toujours – sans comprendre pourquoi – comme quelque chose de forcé. À la suite d'une dépression, à l'âge de 30 ans, elle a fini par voir une thérapeute qui a su écouter ce qu'elle ressentait au plus profond de son corps et de son cœur quand elle était nue en présence d'un homme. Il s'agissait d'abord de bribes de sentiments, d'impressions floues, de tensions fugaces dans le bas du dos. Puis, au fil des séances, ce sont des souvenirs d'une période précise de sa vie – lorsqu'elle avait 6 ans – qui se sont imposés, puis d'une maison de vacances, d'un ami des parents qu'elle admirait mais qui lui faisait peur, d'une chambre jaune, et enfin... d'un viol. Avec la sensation précise de ses mains, sur son dos et sur sa nuque, qui la plaquaient au sol. Avec la douleur terrible. Avec la peur revenue d'un coup, envahissante, bouleversante, avant de se dissiper grâce à l'aide et à l'expertise de sa thérapeute.

Freud avait décrit ce phénomène des « souvenirs retrouvés ». Mais l'explication compliquée qu'il en donnait n'a jamais satisfait les esprits scientifiques. Depuis peu, une interprétation complètement différente est apparue. Elle est aussi élégante que simple : il n'y a pas de souvenir sans mots, sans discours intérieur. Ce que l'on ne se raconte pas, on ne s'en souvient pas. Les adultes ont très peu de souvenirs précis de leur vie avant l'âge de deux ans. Pourtant, les jeunes enfants ont une bonne mémoire. Ils savent qui est familier et qui ne l'est pas, quels sont leurs jouets et ceux des autres... Simplement, ils ne se racontent pas ce qu'ils vivent ; ils le vivent, tout simplement. Un peu comme les animaux, leurs souvenirs sont ancrés dans leur corps et leurs sensations, pas dans une « histoire ». Du coup, ils ne peuvent pas se « reraconter » ce qui leur est arrivé dans le passé. C'est « oublié ». Les rêves nous échappent de la même façon. Si nous ne nous les racontons pas à nous-même immédiatement, ils s'évanouissent dans le brouillard du passé. Oubliés parce que jamais devenus des « histoires ».

Boris Cyrulnik a fait cette démonstration il y a déjà quelques années dans *La Mémoire traumatique (Jeunes, Ville, Violence : comprendre, prévenir, traiter)*[1]. « On joue avec un groupe d'enfants et l'on convient de deux scénarios :

« — Scénario 1 : sans aucun mot, nous jouons aux corsaires, nous prenons un sabre, nous découvrons un coffre dans lequel il y a deux émeraudes, un rubis et un collier.

« — Scénario 2 : avec un autre groupe d'enfants, nous faisons le même jeu, mais en parlant : "Oh ! J'ai trouvé un gros trésor ! Les pirates vont arriver ! Il y a plein de rubis et de colliers, et on va être riches !" Trois mois après, on revoit les enfants. Ceux avec qui on n'a pas parlé n'ont presque pas de souvenirs du jeu, alors que les autres se souviennent de toutes les séquences. »

Les souvenirs « retrouvés » sont donc des souvenirs qui ont été enregistrés dans le corps et les émotions, mais à un moment où nous ne pouvions pas nous raconter à nous-même ce qui nous arrivait. Soit parce que nous ne maîtrisions pas assez le langage (fréquent avant 7 ans), soit parce que nous

---

1. Ouvrage dirigé par Norbert Sillamy, L'Harmattan, 2004.

étions terrorisés et que nous n'avons pas eu le loisir de nous raconter la scène. De fait, les souvenirs traumatiques sont fréquemment enregistrés sous forme de bribes émotionnelles plutôt que sous forme d'une histoire cohérente... Lorsque l'on commence à tirer sur le fil, en repartant du corps et des sentiments, on arrive parfois à laisser l'histoire se reconstruire, et le souvenir peut alors réapparaître dans son intégralité.

Cela vaut aussi pour les aspects les plus positifs de la vie. C'est ce que nous apprend le succès des journaux intimes, dans lesquels on écrit tous les soirs les plus beaux moments de sa journée. Plus on se raconte l'histoire de ce qu'il y a de positif dans notre vie, et plus notre vie nous paraît belle. Des histoires à méditer.

Juillet 2009

La fabrication du bonheur

L'économie d'une société ressemble parfois à celle de nos choix personnels. La crise économique qui a débuté il y a un an exactement a démontré la faillite d'un système qui ne poursuit plus que l'appât du gain en trahissant ses valeurs fondamentales – l'intégrité, la bienveillance, ou l'équité. Cela ressemble à ce qui arrive généralement à nos vies lorsque nous privilégions la réussite matérielle aux dépens de nos qualités individuelles.

Une très belle voix s'est élevée pour décrire ce que vit un pays lorsqu'il se consacre uniquement à la croissance de son « produit national brut » : « Notre produit national brut [...] comptabilise la pollution de l'air, la publicité pour les cigarettes, l'activité des ambulances sur nos autoroutes. Il prend en compte les serrures de haute sécurité pour nos portes et la construction des prisons pour ceux qui les forcent. [...] Il comptabilise les ogives nucléaires, et les voitures de police blindées pour faire face aux émeutes dans nos rues. Mais le produit national brut ne mesure pas la santé de nos enfants, la qualité de leur éducation, ni la joie de leurs jeux. Il n'inclut pas la beauté de notre poésie ni la solidité de nos mariages ; ni l'intelligence de notre débat public, ni l'intégrité de nos politiciens. Il ne mesure ni notre humour ni notre courage ; ni, non plus, notre sagesse ou notre volonté d'apprendre ; ni notre compassion ni notre attachement à notre pays. En bref, il mesure tout, sauf ce qui fait que la vie vaut la peine d'être vécue. » Il s'agissait de Robert Kennedy, lors de sa campagne électorale à la présidence des États-Unis en 1968, quelques mois avant son assassinat.

Aujourd'hui, un groupe d'économistes anglo-saxons[1] – et en France, le philosophe et économiste Patrick Viveret[2] – militent pour que le succès de nos sociétés soit mesuré par le bien-être de ses citoyens plutôt que par sa production d'armes ou sa construction de prisons. En étudiant ce qui rend vraiment les gens heureux, ils sont arrivés à des recommandations précises : ce sont des activités quotidiennes qui ne relèvent pas de la consommation et peuvent se passer des conditions matérielles mises en danger par la crise. À chacun de faire en sorte, et à nos gouvernements de nous y aider, qu'ils fassent plus souvent partie de notre vie.

1. Connectez-vous aux autres. Investissez-vous dans les relations humaines : avec les membres de votre famille, vos amis, vos collègues de bureau, vos voisins. Elles vous enrichiront et vous soutiendront chaque jour un peu plus.

2. Soyez actifs. Allez marcher. Faites du vélo. Jouez au foot. Jardinez. Dansez. Trouvez une façon de faire bouger votre corps qui vous plaise et vous amuse. Lorsqu'il est en action, le corps fabrique de la bonne humeur.

3. Aiguisez votre conscience du moment présent. Soyez curieux. Remarquez ce qui est beau ou inhabituel. Savourez le moment que vous vivez, que ce soit un déjeuner avec une amie ou une marche dans la rue en allant travailler. Restez conscient de ce que vous ressentez dans votre corps, dans vos émotions, dans vos pensées. Prenez note de ce qui compte le plus dans votre journée.

---

1. New Economics Foundation : www.nationalaccountsofwell-being.org

2. Patrick Viveret, *Reconsidérer la richesse*, Éditions de l'Aube, 2003.

4. Ne cessez jamais d'apprendre. Essayez quelque chose de nouveau. Prenez ce cours de chant, de tango, de cuisine ou de dessin. Fixez-vous un défi que vous aimeriez vous voir dépasser. Puis dépassez-le.

5. Donnez de vous-même. Faites quelque chose pour aider un ami ou un étranger. Souriez dans le métro. Soyez bénévole pour une association. Imaginez votre bonheur personnel comme inextricablement lié à celui de la communauté qui vous entoure. Rendre service active les régions du plaisir au plus profond du cerveau. Étonnant qu'il faille une crise économique mondiale pour que des valeurs aussi simples et aussi éternelles trouvent leur place au sein du débat de société. Mais l'idéogramme du mot crise, en chinois, ne veut-il pas dire à la fois « danger » et « opportunité » ?

Septembre 2009

Faire la traversée ensemble

Dans la grande plaine du Serengeti, en Tanzanie, quand un babouin isolé doit échapper à une attaque, ses niveaux de cortisol et d'adrénaline augmentent à toute vitesse. Si, dans la fuite ou la lutte, il est accompagné d'un autre babouin, ses hormones du stress montent moitié moins. Et si c'est tout un petit groupe qui tente d'échapper en même temps au danger, le taux d'hormones du stress bouge alors à peine. « Même pas mal ! » pourrait-on presque entendre s'écrier le singe en s'éloignant[1].

Dans un best-seller américain récent[2], Jeffrey Zaslow, journaliste et écrivain, raconte l'histoire de onze amies d'enfance. Alors qu'elles se sont éparpillées dans tout le pays après le lycée, leur amitié a survécu pendant près de quarante ans aux hauts et aux bas de la vie : les succès et les échecs universitaires, les mariages, les divorces, les difficultés de leurs enfants. Un jour, Kelly apprend qu'elle est atteinte d'un cancer du sein. Elle va avoir besoin du soutien de ses proches. Au lieu de se tourner vers sa famille, elle choisit de prévenir

1. S. Levine, C. Coe et S. G. Weiner « Psychoneuroendocrinology of stress : a psychobiological perspective », *in Psychoendocrinology* de F. R. Brush et S. Levine, Academic Press, 1989.
2. Jeffrey Zaslow, *The Girls from Ames, A Story of Women and a Forty-Year Friendship*, Gotham Books, 2009.

ses vieilles copines. Un simple message, qui déclenche comme une « douche d'amour instantanée » : coups de fil, courriels, lettres, colis... les retours sont considérables. La chimiothérapie lui donne des aphtes ? L'une lui envoie un appareil à milk-shakes pour adoucir les muqueuses. Une autre, qui a perdu sa fille d'une leucémie, lui tricote un bonnet de laine pour qu'elle n'ait pas froid quand elle perdra ses cheveux. Une troisième lui offre des pyjamas taillés dans un tissu spécial contre les sueurs nocturnes... Kelly explique qu'il lui est plus facile de raconter ce qu'elle vit à ses amies qu'à ses médecins. « Nous nous connaissons depuis si longtemps que, entre nous, on peut parler de n'importe quoi », confie-t-elle gaiement au *New York Times*[1].

La recherche le confirme : dans les moments difficiles, le réseau amical joue un rôle majeur par son action positive autant sur notre moral que sur notre biologie. Une étude américaine faite à partir d'un large panel d'infirmières a révélé que les femmes atteintes d'un cancer du sein qui pouvaient citer le nom de dix amis avaient quatre fois plus de chances que les autres de survivre à la maladie[2]. Comme si le simple fait d'être en lien créait un effet protecteur. Ces résultats se vérifient également chez les hommes. Selon une étude suédoise portant sur sept cent trente-six hommes, l'amitié compte autant dans la protection contre les maladies cardiaques que le fait d'être marié[3].

Toujours selon cette dernière, vivre sans amis est aussi mauvais pour la santé que fumer régulièrement. Il est souvent

---

1. T. Parker-Pope, « What are friends for ? A longer life », *in The New York Times*, 20 avril 2009.
2. C. H. Kroenke et coll., « Social networks, social support, and survival after breast cancer diagnosis » *in Journal of Clinical Oncology*, 2006.
3. K. Orth-Gomer, A. Rosengren et L. Wilhelmsen, « Lack of social support and incidence of coronary heart disease in middle-aged Swedish men », *in Psychosomatic Medicine*, 1993.

difficile d'oser demander de l'aide à nos amis lorsque nous avons besoin d'eux. Il ne s'agit pourtant pas d'attendre tout d'un seul d'entre eux, mais d'accepter ce que chacun sait et offre avec facilité. Il y a celui qui sait écouter notre douleur et nous prêter son épaule pour pleurer, ou son bras pour rire. Celui qui nous aidera à préparer les questions difficiles avant un entretien. Ou cet autre peut-être qui se rendra disponible pour nous aider avec les enfants, les courses, le rangement, ou pour nous conduire en voiture quand nous ne pouvons pas le faire nous-même. La vie est parfois comme la plaine sans fin du Serengeti, avec sa violence et sa beauté. Et c'est à nous d'y trouver les amitiés et les liens qui nous permettent, ensemble, de faire la traversée avec plus de douceur et de gaieté.

Octobre 2009

Nos défenses antigrippe

Sur son lit de mort, Louis Pasteur, l'homme qui a découvert les virus et les bactéries puis inventé le premier vaccin, aurait dit : « Le microbe n'est rien, le terrain est tout ! » Pourquoi ? Parce que notre « terrain » – nos défenses immunitaires, nos capacités antioxydantes et anti-inflammatoires – est en général beaucoup plus fort que ces virus et bactéries. Au moment où nous sommes bombardés d'informations au sujet de la grippe porcine, il est temps de ne pas oublier ce message essentiel.

Au cours de l'épidémie de grippe « espagnole » de 1918, certains résistaient beaucoup mieux que d'autres au virus. Dans son livre[1], Thierry Souccar raconte des expériences menées à l'époque (inimaginables aujourd'hui) : le Dr Milton Rosneau, à Boston, aux États-Unis, avait infecté plus de cent jeunes recrues de l'US Navy avec des sécrétions de patients atteints de la grippe, sécrétions qu'il leur avait injectées directement dans les narines, la gorge et l'œil. Au bout de dix jours, aucun n'avait développé de grippe ! Leur « terrain » avait contré le virus. Aujourd'hui, de nombreuses études ont

---

1. Thierry Souccar *Prévenir et guérir la grippe*, Thierry Souccar Éditions, 2009.

démontré l'importance de plusieurs facteurs qui contribuent à renforcer le terrain contre les infections virales.

Le sommeil : dormir huit heures ou plus par nuit divise par trois le risque de développer un rhume suite à l'exposition au virus (par rapport aux personnes dormant sept heures ou moins)[1]. Si vous en avez la possibilité, profitez de votre sommeil comme s'il s'agissait d'un médicament antiviral !

L'activité physique : une activité physique modérée (par exemple trente minutes de marche, cinq jours par semaine) stimule le système immunitaire et augmente considérablement la résistance aux infections[2].

L'alimentation quotidienne :

• Réduisez les aliments sucrés ou à base de farine blanche, ainsi que les graisses en général. Utilisez de préférence l'huile d'olive et l'huile de colza ;

• Augmentez, jusqu'à les multiplier par sept, vos portions de légumes et de fruits par jour. Les aliments « anticancer » sont aussi antiviraux, pour les mêmes raisons (la présence de flavonoïdes et de polyphénols). Mangez de l'ail, des oignons, des échalotes – en vous rappelant que, pendant la Première Guerre mondiale, les poilus avisés consommaient deux à trois gousses d'ail cru chaque jour pour se protéger de la grippe ;

• Mangez aussi des brocolis, des choux et des champignons (pleurotes, reishi, maitake, shiitake, enokitake, crimini et portobello), utilisés comme des stimulants du système immunitaire dans les hôpitaux japonais ;

• Buvez du thé vert, trois à six tasses par jour, plutôt en dehors des repas (pour ne pas réduire l'absorption de fer). L'EGCG, la catéchine du thé vert, très active contre le cancer,

---

1. « Sleep habits and susceptibility to the common cold » de Sheldon Cohen et coll., *in Archives of Internal Medicine*, 2009.
2. D. C. Nieman « Current perspective on exercise immunology », *in Current Sports Medicine Reports*, 2003.

est aussi un puissant antiviral[1]. Une étude américaine a montré qu'il réduisait d'un tiers le risque de développer la grippe ;

• Ajoutez des herbes et des épices méditerranéennes (origan, thym, curcuma) tous les jours, au moins lors d'un des repas, pour leurs effets antiviraux et anti-inflammatoires.

Il est encourageant de savoir que ce qui renforce notre terrain marche sans discrimination contre toutes les maladies que nous souhaitons tenir à distance : de la grippe au cancer. Pasteur a eu une intuition de génie : le terrain est tout...

Novembre 2009

---

1. C. A. Rowe et coll., « Specific formulation of Camellia sinensis prevents cold and flu symptoms and enhances gamma, delta T cell function », *in Journal of the American College of Nutrition*, 2007.

Faire couler la fontaine de l'amour

Dans les montagnes et les plaines du Colorado, aux États-Unis, il existe deux espèces de petits rats sauvages dont les comportements amoureux jettent une lumière troublante sur ceux des humains.

Chez les rats des montagnes, le mâle reste solitaire et multiplie les liaisons avec des femelles qui élèvent seules leur progéniture. Les rats des plaines, identiques presque en tout point, se comportent de manière opposée : les mâles choisissent une femelle à laquelle ils sont liés jusqu'à la mort et avec qui ils partagent les tâches domestiques. La seule différence entre les deux ? C'est le nombre de récepteurs de la petite hormone appelée ocytocine – trop rares dans le cerveau des rats des montagnes, et abondants dans celui des rats des plaines. Si l'on inonde d'ocytocine le cerveau des premiers, et que l'on bloque les récepteurs de celle-ci chez les seconds, leurs comportements s'inversent[1].

Chez l'humain, l'ocytocine est considérée comme l'hormone de la tendresse et de l'attachement. Elle est sécrétée pendant l'allaitement maternel, au contact physique

_____

1. C. S. Carter, A. C. Devries et L. L. Getz « Physiological substrates of mammalian monogamy : the prairie vole model », *in Neuroscience and Biobehavioral Reviews*, 1995.

d'une personne que l'on aime et qui nous rassure, quand on regarde des photos d'un bébé, ou même d'un chaton, et puis, souvent, pendant l'orgasme. Elle agit aussi comme un philtre d'amour : plus on sécrète d'ocytocine en présence de quelqu'un, plus on lui devient attaché émotionnellement[1].

Bonne nouvelle : il est possible de faire couler à volonté l'ocytocine dans le cerveau de la personne aimée. Mais, pour chaque être, le déclenchement se fait par des « portes » différentes. Le thérapeute de couple Gary Chapman parle des « cinq langages de l'amour[2] ». Chez les uns, ce sont les « paroles valorisantes » (porte 1) qui ouvrent les vannes de la fontaine d'ocytocine : « J'adore quand tu me fais rire comme cela » ou : « Tu es encore la plus belle ce soir. » Chez d'autres, ce sont des « moments de qualité » (porte 2), comme un dîner chaque semaine en amoureux au restaurant, ou prendre le temps d'aller dans une brocante ensemble. Certains sont sensibles aux « cadeaux » (porte 3). Pas forcément la bague de ses rêves ou les vacances aux Maldives une fois par an, mais, plus souvent, le bouquet de fleurs au retour du marché, ou le tee-shirt qui lui avait plu dans une vitrine mais qu'il n'avait pas osé acheter. Les « services rendus » (porte 4), la vaisselle faite, les enfants mis au lit une fois les devoirs terminés, la chemise impeccablement repassée, sont une clé qui marche particulièrement bien pour d'autres. Et puis, enfin, le « toucher affectueux » (porte 5), se tenir la main dans la rue, un massage désintéressé avant de s'endormir ou encore des caresses adroites plus intimes et stimulantes.

Pour beaucoup, bien sûr, ce contact physique ouvre grandes les vannes de l'ocytocine. L'important, c'est de

---

1. S. W. Porges, « Love : an emergent property of the mammalian autonomicnervous system », *in Psychoneuroendocrinology*, 1998.
2. Gary Chapman, *Les Cinq Langages de l'amour*, Leduc S. Éditions, 2008.

savoir quelle « porte » marche le mieux pour soi, et pour l'autre. Car, sur la longueur, ce sont ces doses répétées de cette petite hormone que nous nous donnons l'un à l'autre qui construisent l'harmonie de l'attachement et de l'amour ; celle, si forte, qui est la seule capable de résister au temps et aux épreuves.

Décembre 2009

Notre cerveau nous trompe

Ce jour-là, pour les besoins d'une démonstration sur les méthodes de relaxation, je fais monter Sophie sur une estrade devant une vingtaine de ses collègues de bureau. Elle glisse un doigt dans une petite bague connectée à un ordinateur et son rythme cardiaque est projeté sur un écran. Immédiatement, son cœur se met à battre la chamade comme si elle était exposée à un danger imminent. Pendant la pause, je regarde Christophe et Caroline, qui allument leur cigarette. Il est écrit sur le paquet « Fumer tue ». Ils connaissent les dangers du tabac. Mais ils n'ont pas peur une seconde. Que se passe-t-il pour que notre cerveau nous trompe à ce point sur les véritables risques auxquels nous sommes exposés ?

Nos réflexes de peur ont été programmés par des millions d'années d'évolution de notre cerveau limbique. Il a appris à répondre à certains dangers bien précis et pas à d'autres. Dans son livre sur le sujet[1], le Pr Paul Slovic, de l'université de l'Oregon, aux États-Unis, raconte comment ces vestiges du cerveau paléolithique continuent de nous guider aujourd'hui dans un monde pourtant complètement différent. Dans la savane ancestrale, avoir vingt paires d'yeux

---

1. Paul Slovic, *The Perception of Risk*, Earthscan Publications Ltd, 2000.

braquées sur vous en silence était toujours un signe de très mauvais augure. Normal que tous les signaux d'alarme pour Sophie se mettent au rouge face à ses collègues pourtant bienveillants... Mais les dangers plus théoriques de la cigarette, dont les conséquences ne se manifesteront que dans quelques années, n'ont jamais, eux, pu s'imprimer dans le cerveau limbique. Les psychologues universitaires ont répertorié les situations qui nous font réagir : – Elles sont personnelles et intentionnelles. Nous sommes toujours prêts à voir une menace dans le comportement d'un individu, d'un animal ou d'un insecte qui s'approche de nous. – Nous sommes sensibles à ce qui viole notre sens de la morale. Ce qui fait réagir certains, parfois violemment, face à l'orientation sexuelle de leurs congénères, alors qu'ils restent placides face au dérangement climatique qui sera beaucoup plus nuisible, à terme, pour leur santé. – Nous réagissons surtout aux dangers imminents, plutôt qu'à ceux à venir. Aucun adolescent n'accepterait de boire du lait tourné, mais il est plus difficile de le convaincre de mettre un préservatif pour se protéger du sida...

Enfin, nous réagissons davantage aux changements brutaux – par exemple la tempête de Noël 1999 – qu'aux transformations progressives, comme la fonte des glaciers, pourtant bien plus inquiétante pour l'avenir. Comment apprendre à se libérer des peurs ancestrales devenues irrationnelles et à maîtriser les risques sur le long terme que notre cerveau « voit » moins bien ? Dans son livre sur l'art du temps[1], mon oncle Jean-Louis Servan-Schreiber remarquait que, parmi les plus grands patrons du monde, ceux dont les salaires sont les plus élevés sont aussi ceux qui ont la vision à plus long terme de leur entreprise. Dans nos vies quotidiennes, il s'agit de faire les efforts nécessaires pour s'éduquer, pour élever au mieux ses enfants, pour atteindre

---

1. Jean-Louis Servan-Schreiber, *Le Nouvel Art du temps*, Albin Michel, 2000.

son plein potentiel de santé... C'est de cette capacité à prendre en compte le long terme plutôt que de réagir aux impératifs de l'immédiat dictés par notre cerveau ancestral que dépendra l'avenir de notre société humaine sur cette planète.

Janvier 2010

Ça ne vous dérange pas
si je suis malade ?

Lorsque la biopsie de Martine a confirmé qu'elle avait un cancer, sa première pensée a été : « Comment vais-je l'annoncer à mon mari ? » Elle avait raison de s'en préoccuper, parce que, le soir, ce n'est pas elle, mais Jacques, qui s'est effondré, c'est à lui qu'il a fallu passer les mouchoirs, pour lui qu'il a fallu trouver les mots afin d'apaiser son chagrin... La même chose s'est produite au bureau. Quand elle a prévenu qu'elle serait absente quelques semaines pour débuter les traitements, elle a dû tenir la main de plusieurs de ses collaboratrices éplorées, et les rassurer sur le fait qu'elles n'avaient pas de souci à se faire. Elle s'est aussi bien sûr inquiétée de ses enfants. À 10 et 12 ans, ils n'avaient pas la maturité suffisante pour « gérer » leur quotidien si leur mère devait se retrouver extrêmement fatiguée et incapable de préparer les dîners... Et comment réagiraient-ils quand elle n'aurait plus de cheveux et devrait mettre une perruque ?

En parlant de ses préoccupations à son médecin, elle s'est tout à coup rendu compte que c'était elle qui était malade, pas ses proches ! Il lui a gentiment expliqué que c'était peut-être le bon moment pour lâcher son rôle de protectrice de tout le monde et apprendre, pour une fois, à se laisser aider. Martine n'est pas la seule à réagir ainsi. Dans une enquête menée auprès de cent soixante-seize femmes atteintes d'un cancer du sein, l'équipe du Dr Grace Yoo, à l'université de San Francisco, a observé que de nombreuses patientes se retrouvaient à prendre soin de leurs proches davantage que d'elles-mêmes[1]. Pourtant, selon une autre étude, les femmes qui apprennent à faire appel à leurs amis – en l'occurrence, surtout à leurs amies – auraient deux fois plus de chances de survivre à leur cancer du sein que celles qui s'isolent et prennent tout sur elles-mêmes[2].

Pour Martine, cette aide est venue d'un peu partout, souvent sans qu'elle ait besoin de la demander. Une mère, dont les enfants étaient scolarisés avec les siens, a proposé de les prendre chez elle durant les moments les plus difficiles de la chimiothérapie. Son mari, après quelques jours d'adaptation, a retrouvé son esprit d'ingénieur, l'accompagnant aux rendez-vous médicaux pour l'aider à peser le pour et le contre de chaque décision. Sa sœur, à qui elle ne parlait plus depuis quelques années, est venue la voir, l'a emmenée au cinéma, l'a fait rire, lui a offert son épaule pour pleurer pendant les moments de découragement – elle ne se rappelait pas s'être sentie aussi proche d'elle depuis longtemps. Ses enfants ont appris à la masser quand elle ne pouvait presque plus bouger. Ils lui ont fait un album photo sur ordinateur, en téléchargeant un logiciel spécial pour essayer des perruques. Peu de temps après la fin de ses traitements, Martine est redevenue la superwoman qu'elle avait toujours été. Mais quelque chose

---

1. G. Yoo et coll., « Emotion work : disclosing cancer », *in Support Care Cancer*, 2009.
2. C. H. Kroenke et coll., « Social networks, social support, and survival after breast cancer diagnosis », *in Journal of Clinical Oncology*, 2006.

de chaud s'était installé dans son cœur. Comme si le fait d'avoir appris à se laisser porter et entourer pendant qu'elle était fragile lui avait donné encore plus de confiance dans la vie.

Février 2010

Notre alimentation nous déprime

Je me souviens parfaitement de mon cours de nutrition à la faculté de médecine. Il se résumait en quatre points : – Les personnes en surpoids devraient consommer moins de calories. – Les malades cardiaques, moins de cholestérol. – Les diabétiques, moins de sucre. – Et les hypertendus, moins de sel. Fin de mon cours de nutrition. Quand j'ai ensuite fait ma spécialisation en neuropsychiatrie, c'était encore plus simple : pas un mot sur la relation entre alimentation et risque de maladies mentales, surtout pas en ce qui concerne la dépression. J'ai mis vingt ans à réaliser qu'un médecin comme moi en savait infiniment moins sur le lien entre aliments et santé qu'un lecteur de *Psychologies* ! Et pourtant, dans ma pratique, j'ai souvent rencontré des patients comme Brendon, un fonctionnaire anglais d'une cinquantaine d'années. Brendon souffrait depuis l'enfance de fatigue, de difficultés de concentration, de manque d'énergie, de motivation pour travailler. Il ne s'était jamais senti « complètement opérationnel » ni « comme les autres ». Il vivait depuis longtemps avec le diagnostic de « dépression chronique résistante aux médicaments ». Un jour, un médecin – mieux informé que je ne l'ai longtemps été – lui a posé des questions sur son alimentation. Comme presque tous les Anglais, il mangeait surtout de la viande, de la charcuterie,

309

des fritures, du pain blanc, des viennoiseries, des sauces et des laitages, et il était très attaché à ses desserts et autres sucreries. Progressivement, son médecin l'a convaincu de passer à une alimentation méditerranéenne : beaucoup de légumes et de fruits, moins de viande, davantage de poisson, infiniment moins de produits sucrés, etc. Et, un matin, Brendon s'est réveillé comme s'il vivait le premier jour du printemps : le brouillard dans sa tête s'était évaporé, la fatigue avait disparu, il sentait une légèreté dans son corps qu'il n'avait jamais connue et qui pourtant lui semblait totalement naturelle. Je ne vous raconterais pas cette histoire s'il ne s'agissait que d'un cas, ni même de dix. Mais une étude vient de confirmer le lien entre le régime alimentaire « occidental » habituel et la dépression. Des chercheurs de l'Inserm, en France, en collaboration avec le département de santé publique de l'University College de Londres, ont démontré que les personnes dont l'alimentation est la plus « occidentalisée » pendant au moins cinq années ont près de 60 % de risques en plus de devenir déprimées[1]. Cela s'explique probablement par le fait que le sucre, les farines blanches et les graisses animales augmentent les processus inflammatoires dans le corps et le cerveau, dont les molécules agissent sur nos neurones, nos pensées et nos humeurs. Ce qui est fascinant, au fond, ce n'est pas que l'alimentation puisse avoir un effet si puissant sur le corps et sur l'esprit, mais plutôt qu'il ait fallu attendre la fin 2009 pour qu'une telle étude soit publiée dans un grand journal médical international. Il y a encore beaucoup de chemin à parcourir pour que des cours de nutrition dignes de ce nom fassent partie de la formation des médecins.

Mars 2010

---

1. T. N. Akbaraly et coll. « Dietary pattern and depressive symptoms in middle age », *in The British Journal of Psychiatry*, novembre 2009.

Dépolluons nos pensées

Le moine bouddhiste Matthieu Ricard[1] aime raconter une anecdote au sujet du dalaï-lama. Au cours d'un séminaire de rencontres Orient-Occident à Dharamsala, en Inde, une des psychologues américaines parlait de la « haine de soi ». Le dalaï-lama a d'abord cru qu'il n'avait pas bien entendu et a prié plusieurs fois le traducteur de répéter. Puis il a demandé qu'on lui explique de quoi il pouvait bien s'agir, tant il lui semblait inconcevable qu'un être humain puisse avoir de la haine envers lui-même... Quand il a enfin compris et réalisé qu'on évoquait un phénomène courant en Occident, il a fait état d'une grande tristesse. La tristesse d'imaginer que tant de personnes pouvaient être étrangères à elles-mêmes au point d'en arriver à se haïr... D'où viennent ces jugements terribles que nous portons si souvent sur nous-mêmes ? Ces « je suis nul, je n'arriverai jamais à rien » ? Ces « je ne mérite pas d'être aimé » ? Ces « je ne suis pas à la hauteur » ? J'ai travaillé pour l'Organisation mondiale de la

---

1. Matthieu Ricard, *Plaidoyer pour le bonheur*, Robert Laffont, NiL, 2003.

311

santé (OMS) avec des psychologues cambodgiens et afri-
cains, à qui j'enseignais l'identification des pensées négatives
sur soi-même – un concept central de l'EMDR[1], et de la
thérapie cognitive de la dépression et des traumatismes psy-
chologiques. Ils avaient beaucoup de mal, eux aussi, à comprendre l'idée. Jusqu'au moment où un thérapeute sénégalais
s'est écrié : « Ah, je comprends ! Vous nous parlez de ce dont
nous avons peur que les autres pensent de nous ! » Et j'ai
compris d'un seul coup que ces pensées sur nous-mêmes que
nous nous attribuons viennent en fait de ce que nous nous
sommes approprié des jugements – réels ou imaginaires – des
autres sur nous. La femme qui ne s'est jamais remise d'avoir
raté son bac et continue de se dire « je suis nulle » s'est
approprié le jugement de ceux qui l'ont regardée de cette
manière vingt ans plus tôt. C'est leurs voix qui continuent de
résonner dans sa tête et de polluer son écologie psychique.
Pas sa voix à elle. Il est important d'arrêter le flot de pensées
négatives que nous pouvons avoir envers nous-mêmes. Mais
cela ne suffit pas. Il faut aussi arrêter le flot de pensées négatives que nous avons envers les autres. Lorsque nous
assénons un jugement catégorique à propos d'un collègue ou
d'une cousine (« Il est incompétent », « Elle est trop compliquée »), nous nous administrons un petit shoot d'autosatis-
faction en nous comparant avantageusement à notre victime.
Mais ce n'est pas une satisfaction durable. Au contraire, ces
critiques de ceux qui partagent notre vie nous confortent dans
l'idée que nous vivons dans un monde où chacun est victime
et agresseur. Il n'y a plus qu'à attendre notre tour d'être à
nouveau critiqué. C'est en se libérant des jugements violents
portés sur les autres que l'on apprend à se libérer de ses
propres jugements sur soi. Une des prières les plus simples
et les plus émouvantes du bouddhisme me semble être une
étape indispensable vers l'écologie intérieure et celle de nos

---

1. *Cf.* note 1, p. 48.

relations aux autres. Il s'agit de reconnaître en soi, et en chaque être humain, le désir le plus élémentaire et le plus légitime. La prière intérieure qui demande à l'univers : « Que je sois en sécurité, que je sois en bonne santé, que je sois heureux. » Et si nous commencions à cultiver cette voix-là ?

Avril 2010

20 conseils pour une vie plus saine

1. CUISINER RÉTRO

Opter le plus souvent possible pour un plat principal ressemblant à ceux d'avant les années 1950 : 80 % de légumes et légumineuses, 20 % au plus de protéines animales. Exactement l'opposé de notre steak-frites national, avec sa feuille de laitue qui fait de la figuration et la tranche de tomate anémique qui l'accompagne les bons jours. La viande devient un condiment pour ajouter du goût plutôt que l'élément central de notre assiette.

2. MÉLANGER LES LÉGUMES

Le brocoli est un agent anticancer efficace et contribue à détoxifier l'organisme, mais son effet est encore plus puissant lorsqu'il est combiné avec des oignons ou de l'ail – ou même de la sauce tomate. Une bonne habitude à adopter : ajouter des oignons.

3. MANGER BIO DÈS QUE CELA EST POSSIBLE

Mais se rappeler aussi qu'il vaut mieux manger du brocoli avec quelques résidus de pesticides dessus que de ne pas manger de brocoli (ou d'autre légume) du tout.

4. ÉPICER LES PLATS
Le curcuma est l'anti-inflammatoire naturel le plus puissant. On peut en ajouter (avec du poivre noir) à presque tous les plats et à la vinaigrette de la salade.

5. OUBLIER LES POMMES DE TERRE
Leur amidon fait monter le taux de sucre dans le sang. Et elles sont tellement chargées de pesticides que les agriculteurs que je connais ne mangent jamais leur propre production (sauf si elle est bio).

6. SE FAIRE « POISSON »
Le bon rythme : trois fois par semaine – des sardines, du maquereau, des anchois entiers, qui contiennent moins de mercure ou de polychlorobiphényles (PCB) que les plus gros poissons, comme le thon. Éviter l'espadon et la roussette, désormais interdits aux femmes enceintes aux États-Unis tant ils sont contaminés (de par leur grande taille).

7. CHOISIR LES BONS ŒUFS
Préférer les œufs « oméga-3 » ou labellisés « bleu-blanc-cœur », ou alors éviter d'en consommer le jaune. Depuis que les poules mangent essentiellement du soja et du maïs, leurs œufs contiennent vingt fois plus d'oméga-6 pro-inflammatoires que d'oméga-3 bons pour la santé.

8. CHANGER D'HUILE
Les huiles d'olive et de colza sont excellentes pour la cuisine et les vinaigrettes. Celles de tournesol, de soja ou de maïs sont à éviter, car trop riches en oméga-6.

9. PENSER PHYTO

Thym, origan, basilic, romarin, menthe... : les herbes méditerranéennes sont excellentes pour la santé. En plus du plaisir, elles apportent de nombreux antioxydants, et même des agents anticancer. En ajouter régulièrement à ses recettes.

10. VIVRE « COMPLET »

Choisir de préférence des farines complètes et mélangées – des pâtes et du pain complets et multicéréales –, et les prendre « bio », car les pesticides se posent sur l'enveloppe des grains. Oublier les farines blanches autant que possible et faire cuire ses pâtes *al dente*, comme les Italiens, pour éviter la montée du taux de sucre dans le sang.

11. RÉDUIRE LE SUCRE

Ne pas prendre de dessert systématiquement, ni de sodas et de jus de fruits sucrés. Éviter les aliments qui mentionnent, sur le paquet, du sucre sous quelque forme que ce soit parmi les trois premiers ingrédients. S'offrir des fruits souvent, surtout les petits fruits rouges, les prunes et les pêches. Et, pour un goût de « dessert », penser au chocolat noir à plus de 70 %.

12. BOIRE TROIS TASSES DE THÉ VERT PAR JOUR

Plutôt en dehors des repas.

13. NE PAS AGIR EN AYATOLLAH

Ce qui importe, ce sont les habitudes de base, pas les petits plaisirs occasionnels.

Au jour le jour :

14. PRENDRE LE TEMPS DE MARCHER, de danser ou de courir. Viser trente minutes de marche ou un équivalent

par jour. Il suffit de marcher quinze minutes pour aller au bureau ou faire les courses, et de revenir en marchant aussi. Un chien est souvent un meilleur compagnon de marche qu'un partenaire humain. Et il y a plus de chances de se tenir à une activité quand elle apporte du plaisir.

15. SE METTRE AU SOLEIL au moins vingt minutes par jour à midi, en été, sans crème solaire (mais sans développer de coups de soleil). Ou bien parler avec son médecin de son taux sanguin de vitamine D et de la possibilité d'en prendre par voie orale.

16. ÉVITER LES CONTAMINANTS USUELS
Aérer ses vêtements pendant deux heures au retour du nettoyage à sec. Utiliser des produits de nettoyage bio (ou porter des gants). Éviter de faire chauffer du liquide dans des bouilloires ou dans des récipients en plastique, et préférer les cosmétiques sans parabens ni phtalates. Oublier les pesticides dans la maison, et le plus possible dans le jardin. Remplacer les vieilles poêles dont le Teflon est rayé. Filtrer l'eau si la région est polluée par les pesticides des champs environnants. Éloigner son téléphone portable de son corps pendant les conversations.

17. CONTACTER AU MOINS DEUX AMIS pour leur demander leur aide pendant les périodes difficiles, même si ce n'est que par Internet ou par téléphone. S'ils sont proches, ne pas hésiter à les prendre dans ses bras plus souvent, comme pour toutes les personnes aimées.

18. APPRENDRE UNE MÉTHODE SIMPLE DE RELAXATION par la respiration pour évacuer la pression quand la vie donne le sentiment d'être coincé.

19. S'ASSURER DE FAIRE UNE CHOSE QUE L'ON AIME vraiment chaque jour, même si cela ne doit pas durer longtemps.

20. TROUVER QUELQUE CHOSE À FAIRE pour son quartier, son village, et le faire vraiment.

Mai 2010

Manger ensemble

Au début des années 1980, quand j'étais externe dans un hôpital parisien, je déjeunais souvent avec les internes dans la salle à manger. Entrée, plat, fromage, dessert, café nous étaient servis sur des tables recouvertes de nappes blanches. Les conversations allaient bon train pendant une bonne heure. J'ai continué mes études de médecine au Canada. Là, l'équipe médicale passait au self de l'hôpital, et nous mangions sur un plateau en vingt minutes. Puis je suis allé aux États-Unis, à Stanford. Il n'y avait plus de pause-déjeuner. Seulement un sandwich mou, un brownie et une canette de soda offerts par un laboratoire pharmaceutique, que nous mangions pendant une conférence au sujet d'un nouveau médicament. J'ai vite pris le pli et, pendant le reste de mes années américaines, je déjeunais seul, debout, dans l'ascenseur qui m'emmenait de mon laboratoire à la clinique où je voyais les patients. L'Institut national de prévention et d'éducation à la santé (Inpes) a publié les résultats d'une grande enquête sur les habitudes nutritionnelles des Français. Elle montre que nous nous mettons progressivement au modèle américain : nous mangeons de plus en plus souvent seuls[1]. Devant notre ordinateur au bureau, devant la télé à la maison, ou à la terrasse d'un café avec un livre. Pourtant, le sociologue français Claude Fischler et son collègue américain Paul Rozin ont montré que, dans leur imaginaire, les Français ne considèrent un repas comme un véritable repas que s'il a eu lieu avec d'autres, assis, autour d'une table. Ce n'est pas le cas des Américains, pour qui un repas consiste avant tout à apporter au corps l'énergie (on pourrait presque dire le fuel) dont il a besoin, comme on nourrit un cheval de trait pour qu'il continue de travailler[2]. Fischler cite une jeune Française : « Parfois, quand j'ai une course urgente à faire, "je ne mange pas à midi", mais je m'achète un truc à la boulangerie que je grignote dans la rue, sinon je ne tiens pas. » Clairement, pour elle, le sandwich consommé dans la rue ne constitue pas un « déjeuner ». Dans l'idée d'un Américain, au contraire, un sandwich « est », sans conteste, un déjeuner. Pour Fischler et Rozin, le fait de manger seul ou pas pourrait bien être aussi important pour la santé que la nature de ce que nous mangeons pendant nos repas. De fait, le fameux menu méditerranéen n'est pas seulement un amalgame de légumes, d'huile d'olive et d'herbes aromatiques avec un verre de vin rouge. C'est aussi un moment de convivialité, une rencontre, une occasion de rire ou de réchauffer son âme au contact des histoires de vie des uns et des autres. L'observation scientifique montre d'ailleurs que les repas pris en commun sont consommés plus lentement, que l'on se ressert moins souvent, et que la quantité de calories totale ingérées est moindre par rapport aux repas pris seul[3]. Comme si la convivialité avait déjà, en soi, rassasié notre appétit et nourri

---

1. *Baromètre santé nutrition 2008*, sous la direction d'Hélène Escalon, Claire Bossard et François Beck, Inpès Éditions, 2009.
2. Clause Fischler et Estelle Masson, *Manger, Français, Européens, Américains, face à l'alimentation*, Odile Jacob, 2008.
3. *Ibid.*

nos cellules. Alors apprenons à honorer nos véritables besoins – comme j'ai fini par le faire en abandonnant mes repas dans les ascenseurs – et saisissons chaque occasion de manger ensemble !

Mai 2010

Le chi, notre énergie invisible

Andrée est une adepte du taï-chi depuis vingt-cinq ans.
« J'ai débuté très tard, à 50 ans, j'étais chimiste, et tout ça
me paraissait un peu trop irrationnel », explique-t-elle comme
pour s'excuser. J'observe avec admiration sa démarche
légère, sa force posée et la souplesse de ses mouvements.
Quelque chose de simple et de rayonnant émane d'elle, une
beauté qui a traversé ses soixante-quinze années. Elle tourne
le haut de son corps de droite à gauche, ses mains placées à
l'horizontale se déplacent lentement devant elle à la hauteur
des hanches, comme si elles flottaient à la surface de l'eau.
« Laissez-les glisser sur la ceinture de chi qui vous entoure.
Ne faites aucun effort », encourage le maître. Je l'imite
comme je peux : mes gestes sont hésitants et gauches. Peut-
être simplement parce que je ne la sens pas, moi, cette
ceinture de chi ? En observant Andrée, je m'interroge sur le
sens à donner à ces expériences étrangères à notre mode de
pensée... Si cette extraordinaire énergie existe en chacun de
nous, pourquoi tant d'individus passent-ils à côté sans jamais
l'avoir même expérimentée ? En Asie, l'idée de chi fait partie
de la vie quotidienne. Au Japon, pour dire « Faites
attention », on dit « Dirigez votre chi vers l'extérieur ». En
Chine, à Taïwan, à Hong Kong, chaque matin, les parcs
publics s'animent de ces mouvements lents et majestueux,

effectués par quelques millions d'êtres humains connectés à leur chi. Illusion de masse ? Hystérie collective (et millénaire) qui toucherait maintenant certains esprits occidentaux ? Aux États-Unis et en Australie, plusieurs études[1] sont venues confirmer les bienfaits du taï-chi sur la santé : une heure de pratique aurait un effet comparable à une heure de marche soutenue dans la campagne. Deux séances par semaine pendant plusieurs mois contribueraient à faire durer cet effet entre les séances. Pratiqué au ralenti et en extérieur, un art martial peut mettre en forme, certes ; rendre de bonne humeur, pourquoi pas ? Mais que penser de ce chi, de cette « force » évoquant *La Guerre des étoiles* ? De cette énergie scientifiquement indétectable, que notre cerveau et nos mains peuvent pourtant apprendre à ressentir ? Une expérience étonnante[2] avait été réalisée il y a quelques années aux États-Unis. Trois mois durant, les participants avaient été entraînés à développer dans leur imagination, quinze minutes par jour, la force de l'un de leurs petits doigts, juste par la pensée : ils imaginaient que leur auriculaire poussait latéralement un objet lourd. À la fin de l'expérience, la force objective de leur doigt avait augmenté de 35 % ! Un effet tout à fait physique... obtenu par pure concentration mentale. Cet exercice démontre la force de notre esprit. Les Japonais, pensons à eux, doivent y avoir recours aujourd'hui plus que jamais pour affronter les conséquences du tsunami et la menace qui plane encore sur leur pays. Alors pourquoi ne pourrions-nous pas, nous aussi, apprendre à saisir le chi ?

Juin 2011

---

1. F. Li et coll., « Tai-chi as a means to enhance self-esteem », *in Journal of Applied Gerontology,* 2002, et P. Jin, « Efficacy of tai-chi, brisk walking, meditation, and reading in reducing mental and emotional stress », *in Journal of Psychosomatic Research,* 1992.
2. V. K. Ranganathan et coll., « From mental power to muscle power-gaining strength by using the mind », *in Neuropsychologia,* 2004.

Table des articles

Table des articles

Table thématique

Un même article recoupe parfois différents sujets,
et peut donc apparaître dans plusieurs entrées.
Les articles *en italique* abordent de manière plus partielle
le thème mentionné.

Prévenir et guérir les maladies cardiaques

Pour soutenir nos défenses immunitaires

L'importance des liens affectifs et du contact

L'expression nécessaire de nos émotions

Les effets de la pensée sur le corps

La recherche d'un sens et la place de la spiritualité dans nos vies

La relation médecin-patient, et l'impact de la suggestion

La médecine du futur

*Cet ouvrage a été composé et mis en pages
par ÉTIANNE COMPOSITION
à Montrouge.*

Dépôt légal : juin 2012
N° d'édition : 52463/01

Imprimé au Canada